Inhaltsverzeichnis

Vorwort **7**

Teil 1: Theorie

1   **Was ist „Erziehung"?** **9**

1.1   Wann geschieht Erziehung?   10
1.2   Erziehung verändert Werte   12
1.3   Erziehung verändert die natürlichen Anlagen   14
1.4   Was also ist Erziehung?   16
1.5   ... und was ist „Bildung"?   17

2   **Wir erziehen Moral** **19**

2.1   Was ist Moral?   19
2.2   Wo bekomme ich eine Ethik her?   23
2.3   ... und was erziehen wir dann?   29

3   **Was dient dem Individuum? – Die Kategorie der
       natürlichen Anlagen** **31**

3.1   Welche Bereiche der Förderung gibt es?   31
3.1.1 Beispiele zur Förderung der natürlichen Anlagen   35
3.1.2 Konkrete Übungen zur Weiterentwicklung Ihrer Förderungskompetenz   36
3.2   Was soll gefördert werden? Der Sinn der pädagogischen Konzeptionen . . .   37

4   **Was machen Sie, wenn Sie erziehen?** **40**

4.1   Verhaltensweisen ändern sich durch biologisch bedingte Ursachen   41
4.2   Verhaltensänderungen geschehen durch psychische Ursachen   41
4.3   Was geschieht eigentlich, wenn sich Verhalten ändert?   42
4.4   Also: Was tut man, wenn man erzieht?   42

5   **Erziehungsmittel als Beweggründe für Verhaltensänderung** **45**

5.1   Belohnung als Erziehungsmittel   46
5.1.1 Ändern durch direkte Belohnung   48
5.1.2 Ändern, indem man es einem Vorbild nachmacht   48
5.1.3 Ändern durch Verstehen   49

5.1.4	Unterschiede der Belohnungsmöglichkeiten	50
5.2	Strafen als Erziehungsmittel	52
5.3	Gewöhnung als Erziehungsmittel.	54
5.4	Kontingenz als Erziehungsmittel	56
5.5	Verhaltensänderungen systemisch betrachten	57

6 Raum für Veränderungen gewähren **60**

6.1	Raum geben bedeutet, sich selbst zu öffnen	61
6.2	Raum geben bedeutet, sich als Team zu öffnen	62
6.3	Raum geben bedeutet, den tatsächlichen Raum zu öffnen.	62
6.4	Was bedeutet Raum geben?	63

7 Zusammenfassung des theoretischen Teils **65**

Teil 2: Praxis

8 Erziehung durch Belohnungen **70**

8.1	Regeln, die für extrinsische Belohnungen gelten	72
8.2	Regeln, die für intrinsische Belohnungen gelten.	74
8.3	Verhaltensweisen, um zu belohnen	77
8.3.1	Loben	77
8.3.2	Belohnungsgeschenke.	78
8.3.3	Mutmachen.	78
8.3.4	Vormachen	79
8.3.5	Erklären	80
8.3.6	Probieren lassen.	81
8.3.7	Anregungen geben	82
8.4	Kombinationen von Verhaltensweisen	83
8.5	Zwei Beispiele	84
8.5.1	Beispiel 1 – Mit Farben experimentieren	84
8.5.2	Beispiel 2 – Höflich um etwas bitten	85

9 Erziehung durch Strafen? **87**

9.1	Was ist das Schlimme an Gewalt? Was ist das Schlimme an einer Strafe?	88
9.2	Warum Strafe meistens ungeeignet ist	89
9.2	Wann Strafe geeignet ist	91

9.2.1	Wenn man dadurch unmittelbar drohendes Unheil verhindern kann	91
9.2.2	Wenn das unerwünschte Verhalten für den Bestraften nicht besonders wertvoll ist (denn sonst würde die Strafe zu brutal werden)	92
9.2.3	Wenn die Strafe so gewählt ist, dass währenddessen auch andere Erziehungsmittel angewendet werden können	92
9.2.4	Wiedergutmachung als Strafe?	94
9.3	Was man bei Strafen beachten muss: Regeln bei der Erteilung von Strafen	95
9.3.1	Strafen dürfen nicht entwürdigen, d. h. sie müssen eine Hoffnung bieten	95
9.3.2	Nach der Strafe muss alles wieder gut sein	96
9.3.3	Halten Sie Maß!	96
9.4	Erziehungsmittel, um zu strafen	96
9.4.1	Schimpfen	97
9.4.2	Sperrzoo – Festhalten	98
9.4.4	Auszeit („Time out")	99
9.4.5	Wiedergutmachen	101
9.5	Müssen Strafen mit dem Fehlverhalten inhaltlich zu tun haben?	102
10	**Erziehung durch Gewöhnung**	**103**
10.1	Was Gewöhnung bedeutet	103
10.2	Beispiele für Gewöhnungssituationen	107
10.2.1	„Einfach vorleben"	107
10.2.2	Bewusste Rituale entwickeln	109
11	**Erziehung durch Kontingenz**	**111**
11.1	Kontingenz bei extrinsischem Lob oder Belohnungen	112
11.2	Kontingenz bei intrinsischem Lob oder Belohnung	112
11.3	Kontingenz beim Mutmachen	113
11.4	Kontingenz beim Vormachen	114
11.5	Kontingenz beim Erklären	114
11.6	Kontingenz beim Ausprobierenlassen	114
11.7	Kontingenz beim Geben von Anregungen	115
11.8	Kontingenz beim Schimpfen	116
11.9	Kontingenz beim Sperrzoo (und anderen ähnlichen Situationen)	116
11.10	Kontingenz bei der Auszeit	116
11.11	Kontingenz beim Wiedergutmachen	117
11.12	Kontingenz im „einfachen Vorleben"	118
11.13	Kontingenz bei den Ritualen	118

12   Vom Sinn dessen, was wir tun **119**

12.1   Wir können gar nicht anders, also machen wir das Beste daraus 120
12.2   Wenn wir nichts täten, würde alles untergehen 122

13   Workshop **125**

13.1   Erstes Beispiel 126
13.1.1 So ist die Situation (leider) abgelaufen........................ 127
13.1.2 So könnte man die Situation retten 128
13.1.3 Schlussreflexion..................................... 131
13.2   Zweites Beispiel..................................... 131
13.2.1 So ist die Situation (leider) abgelaufen........................ 132
13.2.2 So könnte man die Situation retten 133
13.2.3 Schlussreflexion..................................... 134
13.3   Drittes Beispiel...................................... 135
13.3.1 So ist die Situation (leider) abgelaufen........................ 135
13.3.2 So könnte man die Situation retten 137
13.4   Zusammenfassung.................................... 138

Bildquellenverzeichnis **139**

Sachwortverzeichnis....................................... **140**

Vorwort

Ein Lehrbuch über Erziehung zu schreiben, ist für mich die schwierigste und zugleich faszinierendste Herausforderung, die es für einen Pädagogen geben kann. Dies gilt insbesondere dann, wenn dieses Buch sich an professionell erziehende Menschen richtet.

Lehrbücher haben es an sich, dass sie auf Bestehendes zurückgreifen, was sonst sollten sie lehren? Das gilt auch für pädagogische Lehrbücher. Nun ist Pädagogik jedoch eine traditionsreiche und äußerst komplexe Disziplin und so musste vieles didaktisch reduziert oder gar vereinfacht dargestellt werden. Das hat mir beides viel Mühe bereitet, schließlich muss hier der Kompromiss zwischen allgemeiner Verständlichkeit und größtmöglicher Differenziertheit gesucht werden. Ich hoffe, dieser Kompromiss ist mir gelungen.

Ich habe mich bemüht, die Ableitungen, die sich aus erzieherischer Reflexion ergeben, immer so zu formulieren, dass ihre Vorläufigkeit und Relativität deutlich werden. In diesem Sinne sind sie gemeint: Beispiele dafür, wie es gehen *kann*, nicht gehen *muss*.

Pädagogik ist – wie Paul Natorp es sagte –„angewandte Philosophie". In diesem Sinne soll dieses Lehrbuch begriffen werden: als Anregung, das Nachdenken über Erziehung selbst in die Hand zu nehmen.

Dr. Jörg Dieterich

1 Was ist „Erziehung"?

In diesem Kapitel lernen Sie, dass Erziehung mehr ist, als man vielleicht denkt. Sie lernen, dass Erziehung häufiger geschieht, als Sie denken. Sie lernen, dass Erziehung (mindestens) zwei wesentliche Bereiche des Menschen anspricht: den moralischen Bereich und den Bereich der natürlichen Anlagen. Sie lernen nach all diesen Vorüberlegungen einen Versuch zur Definition von Erziehung kennen. Und Sie lernen ganz zum Schluss noch den Unterschied zwischen Erziehung und Bildung.

Erziehung – das ist der zentrale Begriff in diesem Buch. Erziehung ist Ihre zentrale Aufgabe in Ihrem späteren Beruf. Erziehung ist ein Wort, das jeder gerne in den Mund nimmt, wenn es mal wieder „unsere Kinder in unserer Gesellschaft" zu beklagen gilt.

Praktisch jeder benutzt dieses Wort, aber haben wir wirklich eine Vorstellung, was es eigentlich bedeutet? Was meint man, wenn man von Erziehung spricht? Was ist Erziehung? Wissen Sie es?

Aufgabe
Diskutieren Sie gemeinsam mit einer Partnerin, wie Sie den Begriff Erziehung definieren. Eine Definition bedeutet, dass Sie eine knappe Beschreibung formulieren, in die jede Form von Erziehung, die Sie sich vorstellen können, „hineinpasst". Schreiben Sie Ihr Ergebnis am besten mit Folienstift auf eine Folie und stellen Sie diese dann in der Klasse vor!

A

Schade, dass ich Ihr Ergebnis nicht sehen kann. Ich wäre sehr gespannt darauf! „Warum?", fragen Sie? Nun, ganz einfach: Weil es nämlich von Seiten der Wissenschaftler eine Fülle verschiedener Definitionsvorschläge gibt, die sich zum Teil sehr voneinander unterscheiden. Mich würde interessieren, ob Sie in Ihrer Partnerinnenarbeit auch zu verschiedenen Ansichten über Erziehung gelangt sind, oder ob Sie sich schnell und völlig einig waren. Und mich würde interessieren, wie Sie diese Aufgabe überhaupt angegangen sind. Haben Sie tatsächlich verschiedene Situationen durchgespielt, von denen Sie der Meinung waren, dass das Erziehung sein könnte? Haben Sie dann die Gemeinsamkeiten all dieser Situationen analysiert und sich darüber geeinigt, wie man diese durch die Definition zusammenfassen könnte?

Vielleicht ist Ihnen dabei genau das passiert, was mir an dieser Stelle regelmäßig auch passiert: Sie sind ganz schnell und fast unweigerlich ins Grübeln gekommen, ob eine bestimmte Situation jetzt eigentlich (schon oder noch) Erziehung ist, oder nicht. Die Grenzen der Erziehung sind nämlich auch in der Wissenschaft ziemlich unklar. Man weiß einfach nicht, wo Erziehung anfängt, und wo sie aufhört. Und man ist sich auch nicht einig darüber, was Erziehung überhaupt ist. Demzufolge gibt es natürlich viele unterschiedliche Definitionen. Im Rahmen dieses Buches habe ich mich dazu entschlossen, Ihnen keine der bekannten Definitionen vorzustellen, sondern Sie selbst anhand mehrerer Beispiele „entdecken" zu lassen, was Erziehung ist – um die Definition kümmern wir uns dann später. Fangen wir an:

Beispiel
Luis (6 Jahre) und Lena (6 Jahre) streiten sich heftig. Sie bekommen das mit und fragen nach, was geschehen ist. Lena sagt: „Luis hat mir die Tiere aus meinem Stall weggeklaut." Sie fragen Luis: „Ist das wahr?" Luis sagt trotzig: „Nein, das stimmt überhaupt nicht, Lena hat die Tiere gar nicht benutzt." Sie fragen einige andere Kinder, die den Vorfall mitbekommen haben und es stellt sich heraus, dass Luis Sie belogen hat, er hat Lena tatsächlich die Tiere weggenommen.

1.1   Wann geschieht Erziehung?

A   *Aufgabe*
Bitte reagieren Sie auf dieses Beispiel ganz spontan und unüberlegt und fragen Sie sich:
Wie würden Sie sich als Pädagogin in dieser Situation verhalten? Schreiben Sie still für sich Ihre Reaktion auf.

An dieser Stelle geht es übrigens noch nicht darum, ob Ihr Verhalten „richtig" ist, sondern Ihre Überlegung dient dazu, Sie auf mehrere Verhaltensalternativen vorzubereiten, die ich mir ausgedacht habe. Hier sind sie:

Fall 1: Sie nehmen Luis zur Seite und erklären ihm deutlich und klar, dass Lügen generell der falsche Weg ist und man die Wahrheit sagen muss.

Fall 2: Sie geben Luis eine Art von Strafe. Weil er gelogen hat, muss er jetzt alle Tiere Lena zurückgeben und darf nicht mehr in der Bauecke spielen.

Fall 3: Sie finden bei genauerem Nachfragen heraus, dass Lena Luis vorher ziemlich geärgert hat. Die Situation erscheint Ihnen ziemlich kompliziert und Sie beschließen, das Ganze mit einem vagen „Vertragt Euch wieder!" zu beenden, und wenden sich schnell von dem Geschehen ab.

Fall 4: Sie holen Ihre Anleiterin und übergeben dieser die Entscheidung über das weitere Verhalten den beiden gegenüber.

Eigentlich hoffe ich, dass Sie eine eigene Alternative gefunden habe, denn dann können Sie das Folgende gleich an einem Fall überprüfen, den ich als Autor dieses Buches gar nicht vorhergesehen habe.

Lassen Sie bitte folgende Behauptung auf sich wirken: **Jede** Verhaltensweise, mit der Sie auf die beschriebene Situation reagieren, hat eine erzieherische Wirkung auf Lena und Luis. Egal, ob Sie sich absichtlich verhalten oder absichtlich gerade *nicht* verhalten, egal ob Sie sich unabsichtlich verhalten oder unabsichtlich gerade *nicht* verhalten – immer wird Ihre Verhaltensweise auf Lena und Luis (und auf alle anderen beteiligten Kinder) eine erzieherische Wirkung ausüben.

Ist das immer so? Haben Menschen immer auf andere Menschen eine erzieherische Wirkung, oder hängt das von besonderen Umständen – oder besonderen Menschen ab? Was für Menschen sind das?

Ich glaube, es gibt Menschen, die in einer bestimmten Situation Einfluss auf andere Menschen haben. Sobald das der Fall ist, üben diese Menschen eine erzieherische Wirkung aus. Probieren Sie es an sich selbst aus. Denken Sie an einen Menschen, der auf Sie Einfluss hat und fragen Sie sich, ob dieser Mensch auf Sie eine erzieherische Wirkung ausübt.

Auch wenn diese nicht groß ist – ich behaupte: Sie existiert!

Wodurch entsteht aber Einfluss?

In jeder Situation gibt es Menschen, die mehr Umstände der Situation bestimmen und verändern können als andere. Diese besitzen mehr Einfluss – auf die Situation und gleichzeitig auf die anderen Menschen, die sich ebenfalls in dieser Situation befinden.

Probieren Sie meine Vermutung einfach dadurch aus, indem Sie sie an einem Beispiel durchspielen. Um es einfacher zu machen, habe ich einfach nur das eben gemachte Beispiel ein bisschen verändert (Sie können sich aber gerne auch beliebige andere Beispiele, vielleicht aus Ihrem eigenen Leben, ausdenken):

Beispiel
Nehmen wir die gleiche Situation wie eben: Luis klaut Lena die Tierfiguren und benutzt sie für seinen eigenen Bauernhof. Lena ärgert sich und schimpft. Diesen Vorgang beobachtet die kleine Elvira (3 Jahre) und sagt zu Luis: „Du darfst Lena die Tiere nicht wegnehmen!"

Vergleichen Sie die beiden Beispiele hinsichtlich der erzieherischen Wirkung auf Luis. Beide Male wird möglicherweise genau der gleiche Satz gesagt, aber im einen Fall sagt es eine erwachsene Pädagogin, im anderen Fall ein dreijähriges Kind. In welchem Fall findet – rein nach Ihrem „Bauchgefühl" – mehr Erziehung statt?

Und noch was: Selbst wenn die Pädagogin auf die Situation gar nicht reagiert, übt sie trotzdem erzieherischen Einfluss aus.
Probieren Sie zur Überprüfung wieder eine Abwandlung unseres Beispiels:

Beispiel
Luis klaut Lena die Tierfiguren. Lena beklagt sich. Die Pädagogin reagiert nicht.

Möglicherweise hat die Pädagogin gute Gründe dafür, nicht zu reagieren, vielleicht aber auch nicht. Das soll uns hier nicht interessieren. Viel wichtiger ist mir die Frage: Hat diese Nicht-Reaktion eine erzieherische Wirkung auf Luis?

Die hat sie auf jeden Fall. Luis lernt: „Wenn ich lüge, geschieht (zumindest in diesem Fall und bei dieser Pädagogin) erst Mal gar nichts." Damit ist es sehr wahrscheinlich, dass er dieses Verhalten später wieder einsetzt.

In welchen Fällen übt ein Nicht-Verhalten eine erzieherische Wirkung aus? Doch immer dann, wenn ich auf die andere Person schaue, während ich etwas tue, weil ich an ihrer Reaktion oder Nicht-Reaktion *interessiert* bin – aus welchem Grund auch immer.

Sobald es mich interessiert, ob und wie ein Mensch auf mein Verhalten reagiert, wird dieser Mensch eine – mehr oder weniger große – erzieherische Wirkung auf mich ausüben. Dabei ist es übrigens unwichtig, ob er absichtlich oder unabsichtlich reagiert oder nicht reagiert.

Das ist eine faszinierende Beobachtung: Für die erzieherische Wirkung ist es nicht von Belang, ob ein Mensch absichtlich oder unabsichtlich reagiert (oder nicht reagiert).

Ein Mensch hat immer dann in einer bestimmten Situation eine erzieherische Wirkung auf einen anderen Menschen, wenn er entweder auf diese Situation Einfluss besitzt oder sein Verhalten für den anderen interessant ist (was natürlich genau daran liegen kann, dass er die Situation beeinflussen kann, in der sich beide befinden, es kann aber auch andere Gründe haben).

Anders formuliert: Einer, der auf eine bestimmte Situation mehr Einfluss hat als andere, oder dessen Verhalten für die anderen einfach interessant ist, erzieht die anderen.

Und das hat eine riesige Bedeutung für den Kindergartenalltag! Stellen Sie sich vor: Immer, wenn Sie sich (als Pädagogin) mit Kindern in einer alltäglichen Situation im Kindergarten befinden, erziehen Sie diese Kinder. Ob Sie es nun beabsichtigen oder nicht. Denn Sie haben praktisch immer auf die jeweilige Situation mehr Einfluss als die Kinder. Und immer dann, wenn Ihr Verhalten für ein Kind interessant ist, erziehen Sie dieses Kind. Und wann ist Ihr Verhalten für ein Kind eigentlich uninteressant?

Das bedeutet, dass Sie wahrscheinlich viel häufiger erziehen, als Sie es sich bislang vorgestellt haben. Und ganz allgemein: dass Erziehung ein Phänomen ist, dessen immense Wirkung uns oft gar nicht klar ist. Erziehung geschieht im Kindergarten praktisch andauernd und keineswegs nur dann, wenn wir meinen, jetzt mal erziehen zu müssen.

Wir haben jetzt die Frage geklärt, **wann** Sie erziehen. Es bleibt die Frage, was durch Erziehung eigentlich geschieht, also **was** Erziehung eigentlich ist. Dazu können wir immer noch das gleiche Beispiel verwenden.

1.2   Erziehung verändert Werte

Nehmen wir die einzelnen Fälle einer möglichen Reaktion im obigen Beispiel ein wenig genauer unter die Lupe.

Was geschieht im ersten Fall, als Sie gesagt haben, dass Lügen etwas Falsches sei? Luis lernt mehr oder weniger, dass das, was er gerade gemacht hat, eine Lüge war. Er lernt, dass ein Verhalten, das er gezeigt hat, „gut" oder „schlecht" war.

Durch Erziehung signalisieren Sie Luis also, welches Verhalten „gut" ist und welches „schlecht". Ich setze diese Begriffe „gut" und „schlecht" mit Bedacht in Anführungszeichen, weil wir im Grunde genommen gar nicht genau wissen, was „gut" und „schlecht" eigentlich bedeutet.

Oder wissen Sie wirklich, ob Lügen „schlecht" ist? Man sagt das so schnell in der Erziehung: „Man darf nicht lügen!" Aber betrachten Sie sich selbst einmal: Wann haben Sie zum letzten Mal gelogen? Vielleicht gerade eben, als Sie Ihrem Lehrer gesagt haben, dass der Bus Verspätung gehabt hat, und Sie deshalb zu spät gekommen sind?

Und wie ist das mit den sogenannten „Notlügen"? Darf man lügen, um das Leben eines Menschen zu retten? Ja? Dann kann man aber doch nicht sagen, dass Lügen generell etwas „schlechtes" sei, oder?

Darf man in der Erziehung eines Kindes seine Verhaltensweise (Lügen) verurteilen, auch wenn man sie selbst ausübt?

Nehmen wir den Fall 2 hinzu, in dem Sie Luis eine Strafe (wenn auch eine ganz geringe) verpasst haben. Ist es überhaupt „gut", Luis eine Strafe zu erteilen, weil er gelogen hat, wenn Sie selbst auch lügen und dabei keine Strafe bekommen?
Wie ist das doch scheinheilig! Und vor allem: Wie leicht geht uns die Verurteilung eines Handelns bei einem anderen Menschen von der Hand und wie schwerfällig sind wir bei der Kritik unserer selbst!
Betrachten Sie vor allem Folgendes: Hätte ich Ihnen nicht einen Spiegel vorgehalten und Ihnen demonstriert, wie schnell Sie selbst bereit sind, zu lügen, dann hätten Sie vielleicht gar nicht gemerkt, dass die Strafaktion für Luis eigentlich eine höchst bedenkliche Sache ist.

Dieses Problem wird uns noch lange beschäftigen. Es ist das Problem der Werte. Im Prinzip vermitteln Sie durch Erziehung fortwährend bestimmte Werte. Sie signalisieren absichtlich oder unabsichtlich, dass Sie bestimmte Verhaltenweisen „gut" und andere „schlecht" finden. Diese Information wird praktisch immer vermittelt. Es stellt sich die Frage, ob und wie wir als Erziehende uns der Bedeutung dieser Information bewusst sind.
Wenn Sie durch Erziehung bei den von Ihnen erzogenen Kindern festlegen: „Das ist ‚gut' und jenes ist ‚schlecht'", woher nehmen Sie die Sicherheit, mit der Sie das behaupten?

Wenn Sie erzieherisch handeln, müssen Sie sich hinterfragen, ob das erwünschte Verhalten des Kindes tatsächlich dem entspricht, was Sie selbst auch für sich für gut halten.

Merken wir uns also:

Wer erzieht, muss sich permanent und im tiefen Sinne des Wortes fragen, ob das, was er beim anderen will, auch wirklich gut ist.   **M**

Es geht weiter, kommen wir zu Fall 3, in dem Sie sich aus der Affäre gezogen haben, indem Sie nur vage reagiert haben. Haben Sie dabei erzogen? Aber sicher! Luis lernt, dass er mit seiner Lügerei ziemlich ungeschoren durchkommt (zumindest bei Ihnen) und wird infolgedessen sein Augenmerk möglicherweise darauf richten, immer geschickter zu lügen. Lena lernt, dass sie sich gegen dreiste Bengel nicht durchsetzen kann und wird in Zukunft frecher Lüge und Unrecht weniger aktiv entgegenwirken.
Was ist geschehen? Sie haben gewissermaßen das „Wertegefüge" von Luis und Lena verändert. Durch Ihre Reaktion haben Sie bestimmte Verhaltensweisen gefördert, diese „wertvoller" gemacht als andere Verhaltensweisen.

Sogar im Fall 4, wo Sie den Fall an Ihre Anleiterin weitergereicht haben, haben Sie selbst erzogen! Die beiden Kinder lernen, dass Sie die Verantwortung in einer bestimmten Situation abgegeben haben, obwohl es Ihre Aufgabe gewesen wäre, sie zu tragen. Die Kinder lernen: „Wenn man Verantwortung abgibt, hat man es unter Umständen leichter, als wenn man sie trägt."

Bei Ihrer Arbeit im Kindergarten beeinflussen Sie also permanent das Wertegefüge der Kinder, mal mehr, mal weniger, mal mit Absicht, mal unbeabsichtigt. Wenn Sie auf diese Weise praktisch immer erziehen und das Wertegefüge der Kinder verändern, dann sollten wir uns unbedingt damit auseinandersetzen, woher wir eigentlich wissen, ob ein Verhalten wirklich „gut" ist oder „schlecht".

Denn wenn wir das nicht wissen, kann es sein, dass wir im einen Fall signalisieren: „Lügen ist schlecht" und im anderen Fall (vielleicht unbewusst) „Lügen geht in Ordnung, kann sogar ‚gut' sein." Wie soll da eine einheitliche Erziehung stattfinden? Mir erscheint es eher wie ein Tauziehen: Einmal ziehen Sie in die eine und das andere Mal in die andere Richtung. Und auch wenn diese Zieherei, also die Erziehung, noch so viel Kraft kostet: Insgesamt kommen Sie damit nicht vom Fleck.

Was wir also unbedingt lernen müssen ist dies: Wie ziehen wir selbst dann in die Richtung, die wir für die „richtige" erachten, wenn wir gar nicht daran denken, also nicht absichtlich ziehen? Oder um es andersherum auszudrücken: Wie verhindern wir, dass wir unsere absichtsvolle Erziehungsarbeit durch die unbeabsichtigte zunichte machen?

Nur wenn wir wirklich wissen, was wir für „gut" und erstrebenswert halten und was für „schlecht" und veränderungswürdig, können wir uns sicher sein, dass wir uns nicht selbst mit widersprüchlichen Botschaften in die Quere kommen. Darum ist es ganz wichtig, dass wir uns sehr intensiv mit der Frage auseinandersetzen, was „gut" ist und was „schlecht".

Fassen wir das Gesagte einmal zusammen:

 Durch Erziehung werden Informationen darüber vermittelt, welches Verhalten als „gut" oder „schlecht" bewertet wird. Dies geschieht absichtlich oder unabsichtlich.

Und das bedeutet in der Konsequenz:

 Wer verantwortungsvoll erziehen will, sollte sich intensiv mit der Frage auseinandersetzen, was wohl „gut" und was „schlecht" ist.

Das kann man nicht mal so eben flott hinschreiben, dazu braucht es schon ein eigenes Kapitel. Wir werden uns im 2. Kapitel intensiv mit dieser Frage auseinandersetzen.

1.3   Erziehung verändert die natürlichen Anlagen

Doch zurück zur Frage, was Erziehung ist. Nehmen wir diesmal ein anderes Beispiel:

Beispiel
Angenommen, Sie dürften die Räume Ihres Kindergartens völlig neu und mit unbegrenzten Finanzmitteln einrichten. Im einen Fall würden Sie die Räume mit jeder Menge sauberer Pinsel, guter Farben, Papier, Werkzeugen, Holzbrettern, Hämmern, Steinen füllen, kurz: mit lauter Material, das keine Vorgaben macht, was man damit anfangen und gestalten kann.
Im anderen Fall würden Sie teures Spielzeug kaufen: Spiele, die bunt sind, aufwendig gemacht, Puppen zum Anziehen, Garagen zum Autospielen, kurz: lauter Material, das vorgibt, was man damit spielen soll.
Im dritten Fall würden Sie den Kindergarten in den Wald verlegen und sonst überhaupt nichts tun, also kein Spielzeug anschaffen, nichts gestalten.

Nehmen wir an, Sie könnten ein und dasselbe Kind jede der drei Situationen erleben lassen und das Ergebnis miteinander vergleichen. Was glauben Sie? Würde sich das Kind durch die Erlebnisse in diesen verschiedenen „Räumen" unterschiedlich entwickeln?

Nehmen wir außerdem an, wir hätten ein zweites, anderes Kind ebenfalls in diese drei Situationen versetzt. Würde die Entwicklung des einen Kindes genau gleich verlaufen, wie die des anderen Kindes? Was glauben Sie?

Woran liegt das, dass das eine Kind sich in verschiedenen Situationen anders entwickelt als das andere Kind? Dass die eine Situation auf das eine Kind vielleicht einen riesigen Einfluss hat und auf das andere Kind einen viel geringeren?

Sicher wissen Sie es: Es liegt natürlich daran, dass jedes Kind anders ist. Jedes Kind bringt seine besonderen Anlagen mit, die es von den anderen unterscheidet und die in ihm bereits von Anfang an angelegt sind. Es muss uns hier nicht interessieren, wie das genau funktioniert, ob das genetisch oder anders begründet ist, eins ist klar: Die Menschen sind verschieden und das von Anfang an. Klar dürfte dann auch sein, dass jede Situation unterschiedlich auf jeden Menschen wirkt. Sie kann beschleunigend und fördernd wirken, oder bremsend und hemmend. Sicher ist nur, dass die Situation eine Wirkung ausübt.

Nehmen Sie jetzt außerdem noch an, Sie würden selbst noch in die jeweilige Situation eingreifen. Sie würden also das, was das Kind von Anfang an mitbringt, fördern oder bremsen durch Ihr eigenes Verhalten oder nur durch die Gestaltung der Situation (aber das ist ja streng genommen auch ein „Verhalten"). Ist das Erziehung?

Ich glaube, wir sind uns einig: Auch das ist Erziehung.

Betrachten wir diese Form der Erziehung im Vergleich mit der Erziehung im vorigen Abschnitt. Was ist anders?

Im ersten Fall ging es um die Veränderung des Wertegefüges eines Kindes, im zweiten um die Gestaltung seiner natürlichen Anlagen (durch Fördern oder Bremsen).

Zwischen beiden Fällen besteht ein enormer Unterschied. Ich bin gespannt, ob Sie ihn herausfinden:

Aufgabe **A**
Worin liegt der prinzipielle Unterschied der Erziehung als Veränderung der natürlichen Anlagen und der Erziehung als Veränderung der Werte? Finden Sie es heraus!

Haben Sie es? Der Unterschied liegt darin, dass im einen Fall (Beeinflussung der natürlichen Anlagen eines Kindes) die Veränderung durch Erziehung jeweils möglichst **individuell verschieden** abläuft und im anderen Fall (Beeinflussung der Werte) diese Veränderung bei allen Kindern **möglichst gleich** verlaufen sollte. Sie wollen nicht, dass alle Kinder unterschiedliche

Werte als wertvoll erachten. Aber Sie wollen sehr wohl, dass alle Kinder möglichst individuell verschieden ihre natürlichen Anlagen entwickeln können.

Ein Kind, das bereits von Anfang an einen besonderen Drang oder eine Leidenschaft zur Motorik hat (es will sich bewegen, laufen, springen, hüpfen, balancieren), werden Sie wohl kaum mit den gleichen Mitteln fördern, wie ein Kind, das von Anfang an die Welt der Fantasie liebt (es malt, es hört gerne Geschichten, es bastelt usw.), oder?

Vielleicht wollen Sie ja gerade, dass alle Kinder möglichst ganzheitlich gefördert werden und führen das fantasiebegabte Kind in die Welt des Sports und das sportliche Kind in die Welt der Fantasie – man kann ja auch beides können, oder?

Vielleicht sehen Sie aber auch eine ganz besonders hohe Begabung eines Kindes und fördern diese intensiv und so wird aus dem einen Kind mal ein Weltrekordschwimmer und aus dem anderen ein Konzertpianist.

Merken Sie was: Wie auch immer Sie es handhaben – stets müssen Sie auch hier eine ganz ähnliche Entscheidung treffen, wie im vorangegangenen Abschnitt.

Während Sie sich dort mit der Frage herumschlagen mussten, welcher Wert „gut" ist und welcher „schlecht", haben Sie es hier mit der Frage zu tun, was Sie fördern wollen und was nicht. Und so haben wir auch hier wieder die Frage nach „gut" oder „schlecht".

Und damit wieder eine Frage, der wir uns intensiv widmen müssen, denn genauso wie oben haben wir auch hier den Tauzieheffekt. Sie können nicht gleichzeitig in verschiedene Richtungen ziehen. Das heißt, Sie können es schon, aber es ist wahrscheinlich, dass dabei nur viel Mühe und wenig Ergebnis herauskommt. Wie Sie es auch drehen und wenden: Bei beiden Aspekten der Erziehung müssen Sie zunächst eine Entscheidung treffen, die extrem schwer fällt: Was ist „gut" und was ist „schlecht"?

Und deshalb werden wir auch zu der Frage der Förderung der natürlichen Anlagen ein eigenes Kapitel benötigen (Kapitel 3).

1.4   Was also ist Erziehung?

Wenn Sie die bisherigen Abschnitte aufmerksam gelesen und nachvollzogen haben, wissen Sie, dass man die Frage „Was ist Erziehung?" eigentlich nur sehr unzureichend mit einem einzigen Satz beantworten kann. Zum einen geschieht Erziehung viel häufiger als man denkt (*wann* sie geschieht, wissen Sie jetzt), zum anderen ändert sie wesentlich mehr, als man denkt (*was* sie ändert, wissen Sie jetzt auch).

Die Beschreibung von Erziehung macht eigentlich ein großes Paket an Zusatzbemerkungen notwendig. Dennoch haben wir uns ja zum Ziel gesetzt, Erziehung möglichst knapp zu definieren. Und das tun wir jetzt. Wie wär's mit folgender kurzer Definition?

D   *Erziehung verändert die Verhaltensweisen eines Menschen.*

Nun, nach soviel Vorarbeit klingt das vielleicht ein bisschen mager. Um zu diesem Ergebnis zu kommen, hätten wir vorher eigentlich nicht so viel Gedankenarbeit leisten müssen.

Das Gute an dieser Definition ist aber, dass man mit ihr in der Praxis viel anfangen kann (wie Sie ab dem vierten Kapitel sehen werden). Das Schlechte ist, dass sie als Definition zum Auswendiglernen, zum „auf den Punkt bringen, was Erziehung ist", eigentlich nicht viel taugt. Diese Definition genügt nicht, um jemandem in einem Satz klar zu machen, was Erziehung ist.

Aber geht das überhaupt? Ich glaube nicht, dass es geht. Und ich glaube auch nicht, dass es gut wäre, das zu versuchen.

Für uns, die wir uns noch intensiv mit Erziehung beschäftigen, genügt diese Definition aber, Sie werden es sehen. Für Außenstehende kann sie jedoch nicht ausreichen.

1.5   ... und was ist „Bildung"?

Kommen wir zum Schluss dieses Kapitels noch zu einem Begriff, der häufig in unmittelbarem Zusammenhang mit dem Begriff „Erziehung" auftaucht: Es ist der Begriff der „Bildung". Wie für den Begriff der Erziehung, so gibt es auch für den Begriff der Bildung sehr viele unterschiedliche Definitionsversuche und dementsprechend auch Diskussionen. Auch ohne dass wir uns auf diese Diskussionen einlassen wollen, brauchen wir eine Definition von Bildung, die zumindest für die praktische Nutzung genügt, denn der Begriff der „Bildung" taucht bei der Arbeit mit Kindern häufig auf und darum werden auch Sie oft mit ihm umgehen.

Die verschiedenen Bildungspläne der einzelnen Bundesländer haben hier ein relativ einheitliches Bild gezeichnet. Dort meint man – verkürzt gesagt: Bildung ist *das Ergebnis* der oben beschriebenen permanenten Veränderung durch Erziehung. Bildung ist also das, was bei der Erziehung herauskommt.

Merksatz

Bildung ist das Ergebnis von Erziehung.

Erziehung kann also Bildung bewirken, das tut sie aber nur dann, wenn sie tatsächlich zu einem sichtbaren Ergebnis führt. Sie haben weiter oben gelernt, dass dies nicht unbedingt immer der Fall ist. Ein Ergebnis bleibt zum Beispiel aus, wenn sich die absichtlichen und unabsichtlichen erzieherischen Einwirkungen gegenseitig „aufheben".

Außerdem hängt das Gelingen von Bildung davon ab, wie gut die Erziehung auf das Kind abgestimmt ist. Entspricht die Bildung den natürlichen Anlagen des Kindes, verhilft sie ihm zu seiner optimalen Lebensführung. Wird aber am Kind vorbei „gebildet", kann dies auch sein Leben „verbiegen". Bildung muss also individuell auf den jeweiligen Menschen zugeschnitten sein.

Also muss auch hier gefragt werden, was „gut" und was „schlecht" in der Bildung ist – und das Schwierige liegt auf der Hand: Es gibt nicht **die** „gute Bildung", sondern nur eine, die dem natürlichen Wesen des Kindes möglichst optimal entspricht – und diese ist von Kind zu Kind verschieden.

Und sehen Sie: Schon wieder sind wir bei der tiefen Nachdenklichkeit angelangt, die uns Pädagogen so gut ansteht. Wenn wir durch Erziehung Bildung entstehen lassen sollen, und wenn Bildung etwas ist, das den natürlichen Anlagen des Kindes „entsprechen" soll, dann müssen wir uns auch hier ständig fragen: „Was entspricht denn den natürlichen Anlagen eines Kindes?", „Was wäre für dieses Kind „gut"?" Wenn wir hier zu falschen Ergebnissen kommen, beeinflussen wir das Kind in eine Richtung, die nicht seinem Wesen, nicht seinen natürlichen Anlagen entspricht, wir würden es „verbiegen" und das wäre fatal! Eine Schuld, die Sie tragen müssten!

Ich hoffe, Ihnen ist durch dieses Kapitel die Bedeutung des Begriffes Erziehung (und auch der Bildung) klar geworden: Sie ist riesig! Und Sie sind dafür verantwortlich!

Und so werden wir uns in den nächsten beiden Kapiteln um zwei ausgesprochen knifflige Fragen kümmern müssen:

1. Was könnte für **jedes** Kind „gut" sein (die Kategorie der Moral)? Wir suchen dort also nach dem, was für jedes Kind, ja jeden Menschen in gleichem Maße gilt. Denn nur, wenn Sie das wissen, können Sie durch Erziehung hin zum „Guten" wirken – übrigens auch bei sich selbst.

2. Was könnte für **ein spezielles** Kind „gut" sein (die Kategorie der natürlichen Anlagen)? Wie und auf welchem Gebiet können Sie das Kind so erziehen, dass es seinen individuellen Bedürfnissen entspricht?

2 Wir erziehen Moral

Im letzten Kapitel haben wir gelernt, dass es eigentlich zwei Kategorien gibt, mit deren Hilfe wir erziehen. Das war zum einen die moralische Kategorie und zum anderen die Kategorie der Bildung. Was wir darunter verstehen, habe ich zwar bereits angedeutet, aber es ist so wichtig, dass wir uns in diesem Kapitel gründlich mit beiden Begriffen auseinandersetzen müssen. Beginnen wir mit dem Begriff der Moral.

2.1 Was ist Moral?

Aufgabe

A

Versuchen Sie in kleinen Gruppen zu definieren, was Sie unter „Moral" verstehen! Schreiben Sie Ihr Ergebnis auf und vergleichen Sie in der Klasse die verschiedenen Ergebnisse! Stellen Sie Unterschiede fest? Wodurch mögen diese Unterschiede wohl entstanden sein? Diskutieren Sie Ihre Vermutungen.

Möglicherweise haben Sie bei Ihrer Diskussion Unterschiede festgestellt. Ein typischer und häufig auftretender Unterschied besteht darin, dass die einen sagen, Moral sei das, *was man tut*, und die anderen meinen, Moral sei das, *wie man darauf kommt*, das zu tun, was man tut. Vielleicht haben Sie diesen Unterschied auch untereinander feststellen können. In der Philosophie gibt es für diese beiden Sachverhalte sogar zwei unterschiedliche Begriffe: Das eine nennt man „Ethik", das andere „Moral".

Was meint Ethik, was meint Moral? Nun, man könnte sagen, dass die Ethik zur Moral führt. Ethik ist die Technik, mit deren Hilfe man zu Entscheidungen gelangt, die moralischen Charakter haben. Moral ist also das Ergebnis der Ethik. Ethik ist die Methode, mit der wir unser Handeln auf seine „Gutheit" hin überprüfen. Nehmen wir ein Beispiel:

Beispiel

Es ist Sommer, die Kinder sollen nach draußen gehen. Philip ist ein Junge, der überhaupt nicht gerne draußen spielt, er baut lieber in der Bauecke fantastische Türme. Sie wollen aber, dass alle Kinder nach draußen gehen. Philip mault und fragt: „Warum müssen wir eigentlich nach draußen gehen?" Sie antworten: „Weil es gut ist, an der frischen Luft zu sein."

In dem Moment, wo Philip gefragt hat, findet in ihrem Denken ein Prozess statt. Sie fragen sich selbst, warum es eigentlich gut ist, nach draußen zu gehen. Vielleicht stellen Sie diesen Wert „Draußen Sein ist eine gute Sache" in Frage, vielleicht suchen Sie auch nur nach einer Begründung für diesen Wert, die Sie Philip geben können. Egal, wie Sie es anstellen, Sie denken jedenfalls kurz nach und hinterfragen das, was Sie eben noch einfach vermittelt haben, weil Sie voraussetzten, dass es da gar nichts zu hinterfragen gilt.

Dieses Nachdenken ist Ethik. Das Ergebnis dieses Nachdenkens ergibt eine Art „Wert", also etwas, das Sie „gut" finden, wenn man es tut, und „schlecht", wenn man es in diesem Moment, in dieser Situation unterlässt. Das Besondere an diesen Werten ist nämlich, dass sie keineswegs immer gleich gültig sind. Selbst die generelle Behauptung, dass es gut sei, draußen an der frischen Luft zu sein, stimmt nicht immer. Sollen die Kinder beispielsweise ihre Spielsachen aufräumen (was sie ja bekanntermaßen überhaupt nicht gerne tun), dann ist es nicht gut, wenn Philip sagt: „Jetzt will ich aber nach draußen gehen."

Und was bedeutet nun „Moral"? Eigentlich ganz einfach: Moral ist das, was man in einer bestimmten Situation dann tatsächlich für gut befindet. Moral ist – im Beispiel gesprochen – „**Jetzt** ist es gut, draußen zu sein – später, oder in einer anderen Situation, kann es dagegen unerwünscht sein."

Merksatz
Ethik ist das Werkzeug, mit dessen Hilfe die Moral in einer speziellen Situation gefunden werden kann.
Moral ist eine konkrete, durch die Anwendung von Ethik auf die Situation erarbeitete, Information darüber, was „gut" und „schlecht" ist.

Wenn Sie jetzt mitgedacht haben, werden Sie verstehen:
Moral ist nicht ein eindeutiges „Regelwerk", das man immer benutzen kann, stattdessen steht es immer im Zusammenhang mit der Ethik und einer speziellen Situation. Moral ändert sich in Abhängigkeit zur jeweiligen Situation und in Abhängigkeit zur jeweils angewendeten Ethik. Verändert sich die Ethik, verändert sich auch das, was wir für „gut" befinden, also verändert sich die Moral ebenfalls.

Und an dieser Stelle wird es jetzt spannend. Wenn nämlich Moral in Verbindung mit der Situation entsteht, dann ist es möglich, dass ein und dieselbe Handlung in der einen Situation „gut" ist und in der anderen „schlecht". Eine große Gefahr tut sich auf: die der Beliebigkeit von Moral. Stellen Sie sich vor: Wenn Sie ein und dasselbe Handeln in der einen Situation für „gut" erachten und in der anderen Situation für „schlecht", dann können die Kinder Ihre Bewertung nicht mehr voraussehen. Das führt dazu, dass Sie den Kindern ungerecht erscheinen und darum werden Sie von ihnen ständig in Diskussionen über ihre Anweisungen oder Bewertungen verwickelt. Sie müssen Ihre Entscheidungen permanent neu begründen.

Dieser unangenehmen Situation versuchen viele Pädagoginnen dadurch aus dem Weg zu gehen, dass Sie nur solche Werte durchzusetzen versuchen, die möglichst unkompliziert sind und möglichst immer gelten.
Ich könnte zum Beispiel formulieren:
„Im Kindergarten sollen alle zueinander freundlich sein". Dass so ein Wert „gut" ist und im Prinzip für alle gleich gelten soll, steht außer Frage, aber lässt sich dieser Wert auch realisieren? In der Theorie ja, in der Praxis nein. Freundlichkeit ist eine gute Sache, aber die Welt sieht einfach anders aus.
Ich könnte auch anders formulieren:
„Generell ist es schlecht, wenn man körperliche Gewalt anwendet" und das klingt doch schon wirklich wie ein Wert, der allgemeine Gültigkeit haben könnte, oder?

Probieren wir das Ganze mal an ein paar kleinen Beispielen aus:

Beispiel
Felix hat Volker im Sandkasten den Bagger weggenommen. Tom, der stärkste der drei, hat das gesehen, schubst Felix in den Sand, entreißt ihm grob den Bagger und gibt ihn Volker zurück. Felix rennt heulend auf Sie zu und beklagt sich: „Tom hat mich gehauen und geschubst!"

Vergleichen Sie das nun mit folgendem Beispiel:

Beispiel
Felix wartet, bis Tom woanders hingelaufen ist, schnappt sich Volker und kneift ihn heftig. Volker hat sichtlich Schmerzen und kommt heulend auf Sie zu und beklagt sich: „Felix hat mich gekniffen!"

Werden Sie jetzt das erzieherische Prinzip anwenden, dass Gewalt im Kindergarten generell verboten ist und für Tom und Felix dieselbe „Strafe" einsetzen? Müssen Sie also Tom für seine selbstlose und heldenhafte Tat bestrafen?
Das wäre ja schlimm! Wenn Sie das nämlich tun, lehren Sie Tom, dass das, was er getan hat (den wehrlosen Volker geschützt), im Grunde genau dasselbe ist, wie das, was Felix getan hat (den wehrlosen Volker gequält). Wenn beide Verhaltensweisen mit derselben Konsequenz ausgestattet werden, werden sie auch gleich bewertet. Felix lernt daraus, dass man manchmal mit seinem Verhalten durchkommt und manchmal eben nicht. Volker lernt, dass es auf der Welt ungerecht zugeht und er eben immer den Kürzeren zieht.
Sie sehen: Ein scheinbar richtig „guter" Wert, nämlich das Verbot der Anwendung von Gewalt, kann in seiner Verallgemeinerung ganz schön schädlich oder gar gefährlich sein. Das ist etwas, was man generell bei allen Werten beobachten kann, die absolut gesetzt, das heißt auf jeden Fall angewendet, werden.
Diese Gefahr ist tatsächlich so groß, dass man aus ihr einen praktischen Erziehungstipp ableiten kann:

Praxis Tipp
Seien Sie vorsichtig bei der Formulierung allgemein gültiger Regeln, Gebote oder Werte in Ihrer päda-gogischen Arbeit. Es könnte sein, dass Sie damit weitaus mehr Schaden anrichten als Nutzen erzielen!

TIPP

Vielleicht werden Sie an dieser Stelle jetzt kritisch einwenden, dass es doch aber eine Fülle solcher absolut geltender Formulierungen gibt, an die wir uns alle halten: die Gesetze, die Straßenverkehrsordnung, die 10 Gebote usw.
Überlegen Sie genau! Gelten die Gesetze tatsächlich immer? Muss man **immer** mit 50 durchs Dorf fahren oder gibt es Fälle, wo das nicht gilt? Na klar! Krankenwagen, zum Beispiel, dürfen deutlich schneller fahren, wenn sie durch Blaulicht und akustisches Signal auf sich aufmerksam machen.
Darf man **generell** nicht töten? Selbst von dieser Regel gibt es Ausnahmen: Notwehr, Verteidigungsfall usw.
Tatsächlich sind alle Gesetze so konstruiert, dass sie lediglich eine Richtung vorgeben, im Zweifel aber immer mithilfe einer bestimmten Ethik auf die konkrete Situation angewendet und ausgelegt werden müssen. Wer das tut? Zum Beispiel Richter.

Und im Alltag des Kindergartens tun Sie genau dasselbe: Sie benutzen Ihre Ethik zur Findung einer Moral, die auf die spezielle Situation zutrifft, mit der Sie sich gerade befassen.

Merksatz
Die moralische Bewertung einer Handlung kann sich von Situation zu Situation unterscheiden, auch wenn die zugrunde liegende Ethik gleich bleibt.

Das ist die pädagogisch anspruchsvolle Lösung: Es geht nicht darum, immer dieselbe Moral gelten zu lassen, sondern darum, immer dieselbe Ethik zu benutzen! Gleichbleibend sind immer die Grundlage – also die Ethik – und das Verfahren – die Anwendung der Ethik auf eine konkrete Situation. Die Ergebnisse – also welche moralische Bewertung konkret dabei herauskommt – unterscheiden sich von Mal zu Mal durchaus deutlich voneinander.

Vorhin ist es bereits angeklungen: Ein Risiko ist dabei immer vorhanden:
„Ja, aber dann wissen die Kinder doch nie, wo sie dran sind, wenn jedes Mal eine andere Moral dabei herauskommt!"
Im Beispiel gesprochen: Tom wird anders behandelt, als Felix, obwohl beide Gewalt angewendet haben. Wer von den Kindern soll da noch durchblicken? So betrachtet haben Sie natürlich recht!
Aber denken Sie noch einen Schritt weiter: Wie wäre es, wenn Sie auch den Kindern durch Ihre Erziehung nicht Moral vermitteln würden, sondern ebenfalls Ethik? Wenn Sie Kinder also nicht lehren, was „gut" ist, sondern Ihnen beibringen und vormachen, wie man zu „guten" Entscheidungen kommt? Dazu müssten Sie den Kindern aber erklären, wie Sie zu Ihrer Entscheidung gelangt sind, und das kann u. U. ganz schön schwer sein. Das ist ein Tipp, den Sie sich merken sollten:

TIPP

Praxis Tipp
Es geht in der Erziehung nicht darum, Kinder ein kompliziertes Regelwerk aller Verhaltensweisen zu lehren, sondern darum, Ihnen zu zeigen, wie man mittels einer Ethik zu Werten gelangt.

Im Übrigen vermute ich, dass selbst kleine Kinder relativ schnell merken, ob Sie immer mit derselben Ethik arbeiten, auch wenn vielleicht verschiedene Entscheidungen dabei herauskommen.
Allerdings klappt das Ganze nur dann, wenn Sie den Kindern Ihre Ethik offen darlegen. Das bringt mich zu einem weiteren praktischen Erziehungstipp:

TIPP

Praxis Tipp
Wenn es darum geht, moralische Entscheidungen zu treffen, erklären Sie den Kindern möglichst häufig Ihre Ethik, also das „Wie" und das „Warum", mit deren Hilfe Sie zu der moralischen Entscheidung gelangt sind.

Wer seine Ethik offen legen will, hat allerdings ein Problem: Er muss **eine** Ethik **haben**, die tatsächlich gut funktioniert. Hat er keine, kann er auch nichts erklären. Hat er verschiedene, muss er erklären, warum er verschiedene hat, und dann hat er erst recht ein Problem.
In der Realität haben die meisten Menschen oft verschiedene Ethiken. Meist hat man eine Ethik für die anderen und eine Ethik für sich selbst. Ich kenne Leute, die schimpfen über Steuersünder, finden es aber völlig okay, wenn sie selbst Steuer hinterziehen. Ich kenne andere Menschen, die sich furchtbar darüber aufregen, wenn sie belogen werden, für sich selbst aber finden sie (Not-) Lügen absolut in Ordnung. Ich kenne Menschen, die über Gewaltanwendung schimpfen, sich aber an der Kasse vordrängeln. Ich kenne viele solche Menschen und das

Schlimmste ist: Ich kenne mich selbst. Und ich weiß, dass ich auch nur zu gerne verschiedene Ethiken für verschiedene Fälle verwende. Ist das in Ordnung?

Anders formuliert: Kann ich Kinder, die ich (berufsmäßig) erziehen muss, mit einer strengeren Ethik konfrontieren als mich selbst? Wenn nein, dann müsste ich mich selbst doch auch an diese Ethik halten. Oder kann ich Kinder mit derselben laxen Ethik erziehen, mit der ich mein eigenes Verhalten beurteile?

Es ist nicht richtig, wenn Sie die Kinder dazu auffordern, nicht zu lügen, während Sie selbst Ihre Verspätung wegen Verschlafens mit einem verspäteten Bus begründen – der eigentlich pünktlich war.

Ich denke, es wird Ihnen langsam klar, welches Fass wir mit diesem Kapitel aufgemacht haben. Es dreht sich zuerst mal gar nicht so sehr um die Kinder, die wir erziehen, sondern um uns selbst! Genau genommen dreht es sich um zwei Fragen, die Sie (und ich) lösen müssen:

1. Mit welcher Ethik können ich und meine Kolleginnen kontinuierlich arbeiten, so dass zumindest theoretisch immer dieselbe Moral für die Erziehung herauskommt?

2. Kann und will ich mit dieser Ethik mein eigenes Handeln beurteilen, oder will ich mit verschiedenen Ethiken leben?

Was die zweite Frage angeht, so habe ich darüber stundenlang mit anderen Menschen (auch Schülerinnen) diskutiert und bin, ehrlich gesagt, zu keiner Antwort gekommen. Ich persönlich neige eher der Auffassung zu, immer dieselbe Ethik zu verwenden und dann eben andere Menschen öfters etwas „barmherziger" zu beurteilen, als ich es sonst tun würde. Aber wie gesagt: Sicher bin ich mir da nicht.

Hier sehen Sie also schon, welche Ethik ich konsequenterweise wählen würde, wenn ich eine haben muss, die für mich, für andere und in jeder Situation funktionieren muss. Diese Ethik will ich Ihnen im nächsten Abschnitt vorstellen.

2.2   Wo bekomme ich eine Ethik her?

Um diese Frage gut zu lösen, will ich Ihnen das Beispiel von weiter oben nochmals vor Augen führen:

Beispiel
Felix hat Volker im Sandkasten den Bagger weggenommen. Tom, der stärkste der Drei hat das gesehen, schubst Felix in den Sand, entreißt ihm grob den Bagger und gibt ihn Volker zurück. Felix rennt heulend auf Sie zu und beklagt sich: „Tom hat mich gehauen und geschubst".

Und dazu auch noch...

Beispiel
Felix wartet, bis Tom woanders hingelaufen ist, schnappt sich Volker und kneift ihn heftig. Volker hat sichtlich Schmerzen und kommt auch heulend auf Sie zu und beklagt sich: „Felix hat mich gekniffen"

Wenn Sie diese Beispiele aufmerksam durchdenken, werden Sie wahrscheinlich erkennen, dass es so etwas wie das „absolut Gute" nicht gibt, eher Abstufungen, Annäherungen, eine Art „relatives Gutes". Vielleicht fragen Sie sich auch, ob dieses „relative Gute" eigentlich für alle Menschen gleich gilt, oder für die einen mehr und für die anderen weniger. Ist es genauso „gut" oder „schlecht", wenn ein Soldat zur Befreiung eines Landes Terroristen erschießt, oder wenn Tom Felix grob schubst und ihm den Bagger entreißt?

Wir haben gelernt, dass solche Fragen nicht dadurch entschieden werden können, dass man sich über den Wert an sich streitet, sondern nur dadurch, dass man sie ethisch löst. Konkret tut man das, indem man den Wert durch die Verwendung einer bestimmten Technik auf seine Anwendbarkeit auf eine konkrete Situation überprüft.

Eine solche Technik will ich Ihnen hier vorstellen. Es ist die vielleicht bekannteste Ethik der westlichen Welt. Sie stammt von Immanuel Kant. Man kennt sie unter dem Begriff „kategorischer Imperativ". Kant hat dort eine Regel herausdestilliert, durch deren Einhaltung man seiner Meinung nach zum Tun des Guten gelangt. Er hat sie mehrmals unterschiedlich definiert, deshalb gibt es verschiedene Formulierungen. Hier ist die Bekannteste:

„Handle nur nach derjenigen Maxime, durch die du zugleich wollen kannst, dass sie ein allgemeines Gesetz werde."
(Kant, Immanuel: Kritik der praktischen Vernunft. Grundlegung zur Metaphysik der Sitten. Riga 1785, S. 51)

Manchmal übersetzt man das mit dem bekannten Sprichwort: „Was du nicht willst, dass man dir tu, das füg' auch keinem anderen zu." Das ist jedoch zu oberflächlich und greift zu kurz. Wir müssen den Satz schon genau betrachten: Als Erstes fällt auf, dass Kant hier nicht bestimmte Verhaltensweisen aufzählt, an die man sich halten oder die man vermeiden soll und dann ist alles einfach und gut. Der Mensch, der nach dem kategorischen Imperativ handelt, muss selbst nach der richtigen Verhaltensweise suchen, muss selbst entscheiden. Maß der Entscheidung ist, *dass das, was man selbst tut, einem auch dann noch richtig erscheint, wenn man sich vorstellt, dass alle anderen es ebenfalls täten.*

Was bedeutet das ganz konkret? Wie arbeitet ein Mensch, der diese Ethik benutzen will, eine Moral aus? Ganz einfach: Er denkt permanent und in festgelegten Schritten darüber nach. Diese Schritte will ich Ihnen hier nun vorstellen:

1. Schritt: das eigene Verhalten hinterfragen

Denken Sie möglichst häufig über Ihr eigenes Verhalten nach. Überlegen Sie: „Könnte das, was ich gerade tue, veröffentlicht werden?", oder: „Könnte das, was und warum ich es tue, auch von jedem anderen so gemacht werden dürfen?"

Wenn Sie das tun, werden Sie rasch merken, wie schwierig das eigentlich ist. Denn letztlich haben Sie ja immer nur Ihren eigenen Maßstab bei der Entscheidung zur Verfügung. Bei diesem ersten Schritt geht es aber eigentlich auch gar nicht so sehr darum, tatsächlich die „richtige" Entscheidung zu treffen, sondern sich erst mal einfach an diesem Thema gewissermaßen „abzumühen".

Übrigens: Kant war der Meinung, dass dieses „sich Mühe geben" letztlich das Einzige auf der Welt ist, was man wirklich definitiv als etwas „Gutes" bezeichnen könnte. Also: Wenn Sie sich bemühen, das Richtige herauszufinden, dann tun Sie – zumindest nach Kant – das einzig wirklich Gute!

2. Schritt: das Verhalten anderer verstehen

Jetzt geht man von sich selbst weg und beurteilt das Handeln anderer. Wissen Sie, wofür das ganz wichtig ist?

A *Aufgabe*

Denken Sie an einen Jungen, der einem anderen den Bagger wegnimmt. Was denken Sie über ihn? Wie empfinden Sie, wenn Sie auf ihn zugehen?

Denken Sie jetzt an einen Jungen, der den Bagger wegnimmt, weil er ihm zuvor abgeknöpft wurde. Was denken Sie jetzt? Was empfinden Sie?

Wenn wir verstehen, warum ein anderer etwas tut, können wir sein Handeln nicht mehr ganz ablehnen, wir sind einmal in seine Haut geschlüpft und haben uns ganz nah an ihn herangewagt. Dadurch bekommen wir den Schlüssel in die Hand, wirklich auf die Person zu reagieren und nicht nur auf den ersten Eindruck, den wir durch ihr Handeln gewonnen haben. Statt also zornig zu strafen, sind wir in der Lage, die Situation angemessen aufzulösen, indem wir die Motive der Beteiligten bei unserer erzieherischen Verhaltensweise berücksichtigen.

Das macht man aber auf eine ganz spezielle Weise und ich bin gespannt, ob ich Ihnen das erklären kann. Es geht darum, zu erkennen, warum jemand so handelt, wie er handelt. Man fragt also in etwa „Warum macht der das eigentlich?" oder: „Was ist das Motiv (der Beweggrund) für sein Handeln? " und: „Kann man seine Beweggründe vielleicht in einer Art ‚Motto' zusammenfassen?"
Das klingt jetzt ziemlich abstrakt und deshalb spielen wir das Ganze an unserem Beispiel mit den drei Jungs durch.

Warum handelt Tom so? Was ist sein Motiv? Handelt er nach einer Art „Motto"?
Tom wendet nicht grundlos Gewalt an. Er will mit seiner Gewalt Felix dazu bringen, Volker den Bagger zurückzugeben. Sein Motiv lautet vielleicht so: „Ich habe gesehen, wie Volker ungerecht behandelt wurde, deshalb habe ich eingegriffen." Sein Motto könnte man vielleicht so zusammenfassen: „Wenn man Unrecht verhindern kann, muss man es tun, sei es auch mit Gewalt."

Warum handelt Felix so? Was ist sein Motiv? Handelt er nach einer Art „Motto"?
Felix wendet ja nicht grundlos Gewalt an. Er will sich mit Hilfe von Gewalt in den Besitz eines Baggers setzen, der von Volker bereits benutzt wird. Sein Motiv könnte lauten: „Ich wollte etwas haben, was bereits von jemand anderem beansprucht wurde, deshalb habe ich Gewalt angewendet." Sein Motto könnte lauten: „Wenn ich etwas haben will, dann nehme ich es mir auch, koste es, was es wolle."

Aufgabe   **A**
Felix beklagt sich im Folgenden bei der Erzieherin. Auch das ist ein spezielles Handeln, das nach Grund, Motiv und Motto hinterfragt werden kann. Dasselbe gilt für das weitere Verhalten von Volker. Analysieren Sie die beiden Verhaltensweisen zur Probe einmal selbst!

3.Schritt: Handlung auf eigene Akzeptanz prüfen
Wenn Sie die Handlungsweisen in dieser Weise analysiert haben, geht es darum, diese von den jeweils konkret handelnden Personen zu trennen und allgemein zu analysieren. Dazu fragt man sich: „Wäre ich bereit, selbst eine solche Handlungsweise von meinem Gegenüber zu akzeptieren?"

Am Beispiel von Felix fällt uns die Entscheidung schätzungsweise ziemlich leicht:
„Wenn ich etwas rechtmäßig besitze, was ein anderer mir neidet, dann will ich nicht, dass dieser mir das mit Gewalt abknöpft. Das will ich ganz und gar nicht!"
Bei Tom wird das Ganze schon schwerer. Hier könnte unsere Haltung in etwas so aussehen:
„Wenn ich jemandem etwas zu Unrecht abgeknöpft habe, akzeptiere ich es dann, dass jeder x-beliebige Mensch daher kommt und mit Gewalt dafür sorgt, dass ich das Unrecht wieder gutmache?"
Na? Also ich wäre dazu überhaupt nicht bereit. Ich habe mal formuliert, worein ich mich (brummend) fügen würde:
„Wenn ich etwas Unrechtes getan habe, dann akzeptiere ich es nicht, dass jeder X-Beliebige mir gegenüber zur Selbstjustiz greifen darf, sondern das sollen dann schon diejenigen tun, die dazu bevollmächtigt sind – und die sollen es bitteschön erst Mal ohne Gewalt versuchen."

Etwas krasser formuliert: Wenn ich jemandem sein Motorrad geklaut habe (zugegeben: Ich darf das nicht, aber es war ja so eine hübsche Harley-Davidson...), will ich nicht, dass dessen Verwandte gleich mit der Kalaschnikov vor meiner Haustür stehen und mich abknallen. Sondern dann soll das wenigstens die Polizei machen und das mit Anstand und Würde und möglichst ohne Gewalt.

Verstehen Sie die Vorgehensweise? Egal ob scheinbar Recht oder Unrecht geschah, versuchen Sie, die fragliche Handlungsweise mit sich selbst als Adressaten der Handlung durchzuspielen. Dabei dürfen Sie die Handlungsweise ruhig in eine Situation übertragen, die auf Sie zugeschnitten ist – je besser Sie es sich vorstellen können, umso leichter gelingt es Ihnen, Ihre eigene Haltung zu erspüren. Und dann überlegen Sie, ob Sie die Handlung auf sich bezogen in Ordnung finden oder nicht.

A *Aufgabe*
Spielen Sie die anderen Handlungen des Beispiels in derselben Weise durch. Diskutieren Sie Ihre Meinung mit Ihrer Sitznachbarin. Lassen Sie sich dabei ruhig Zeit, das Ganze ist eine recht schwierige Übung!

4. Schritt: die Handlung auf allgemeine Tauglichkeit überprüfen

Im dritten Schritt haben Sie sich gefragt, ob die zu überprüfende Handlungsweise auch dann in Ordnung wäre, wenn Sie sie am „eigenen Leib" erfahren müssten, anstatt sie bei den real handelnden Personen nur zu beobachten. Im letzten Schritt nun gilt es zu fragen, ob es auch dann noch in Ordnung wäre, wenn **jeder** so handeln würde, wie in der Handlung, die Sie gerade analysieren. Sie fragen also: „Wäre es okay, wenn jedes Kind so handeln würde, wie dieses Kind gerade handelt?". Wenn die Antwort „Ja!" lautet, dann ist es gut, dann können Sie an dieser Stelle Ihre Analyse beenden. Wenn die Antwort „Nein!" lautet, dann müssen Sie die Handlung genauer betrachten.

Gehen wir wieder auf das Beispiel ein. Dort fragen Sie also: „Wäre es okay, wenn jedes Kind in eigener Regie dafür sorgen würde, dass kein Unrecht geschieht – und das sogar mit Hilfe von Gewalt?"

Ich glaube, hier lautet die klare Antwort: „Nein!" – Wir müssen also genauer hinschauen. Gibt es einen Aspekt an der Handlung Toms, von dem Sie finden, dass es gut wäre, wenn alle Kinder so handeln würden, wie Tom? Ja: Dass jemand Unrecht nicht einfach so hinnimmt, das ist prima. Dass jemand Zivilcourage zeigt und sich für die Schwächeren einsetzt, das ist auch klasse. Nur die Reihenfolge und die Wahl der Mittel ist bei Toms Handeln meiner Meinung nach nicht in Ordnung. Er hätte Felix erst ansprechen sollen und nicht gleich zuschlagen. Nehmen wir mal an, Tom hätte Felix mit Worten aufgefordert, Volker den Bagger zurückzugeben und Felix hätte Tom bloß einen Vogel gezeigt und weitergemacht. Wäre dann Toms Gewaltaktion in Ordnung? Nein. Aber was hätte er tun sollen? Ich finde, Tom hätte zur Erzieherin gehen müssen und das Ganze – ich sag's mal provokativ – petzen müssen. Sehen Sie? Plötzlich ist so etwas wie Petzen eine angemessene Handlung, obwohl es sonst nicht in Ordnung ist (vergleichen Sie einmal das Petzen von Felix im weiteren Verlauf des Beispiels).

Spielen wir das Ganze noch zu Ende durch und nehmen wir an, es wäre weit und breit keine Erzieherin in Sicht gewesen. Hätte Tom dann resigniert die Hände in den Schoß legen sollen und sagen: „Ich sehe zwar das Unrecht, aber ich sehe keine Erzieherin, der ich es melden könnte, also lasse ich Felix halt mal machen?"

In so einem Fall wünschte ich mir dann tatsächlich ein Kind, das beherzt dafür sorgt, dass Urecht vermieden wird – selbst mithilfe von Gewalt. Aber eben nur, wenn alle anderen Mittel versagen!

Sie sehen: Selbst Gewalt kann wertvoll sein – es kommt auf die Situation und die Analyse der Situation an.
Im vierten Schritt unserer Analyse überprüfen wir, ob das zu analysierende Handeln auch dann noch in Ordnung ist, wenn jeder so handeln würde.

Hier noch einmal die Anwendung auf das Beispiel in aller Kürze:
- Kind sieht Unrecht (Felix entreißt Volker den Bagger).
- Kind spricht Übeltäter an (Tom → Felix).
- Übeltäter reagiert nicht (Felix behält den Bagger).
- Kind sucht verantwortliche Autorität (Tom → Erzieherin).
- keine Autorität in Sicht (Erzieherin trinkt Kaffee)
- Kind greift zur Selbstjustiz (Tom entreißt Felix den Bagger und gibt ihn zurück).

Ist diese Handlungsweise in Ordnung, selbst dann, wenn jedes Kind so handeln würde? Ich finde, ja! Sie auch? Es kann aber auch gut sein, dass Sie anderer Meinung sind als ich. Das ist dann in Ordnung, wenn Sie es begründen können. Wenn Sie den langen Weg dieser vier Schritte mitgegangen sind, wird Ihnen die Begründung auch keinerlei Schwierigkeiten bereiten.
Wie wir ganz oben bereits gesagt haben, gibt es nun einmal keine absolut „guten" Werte, denen jeder automatisch zustimmen muss. Selbst wenn ich als Autor dieses Buches sage, Gewalt als letztes Mittel ist okay, können Sie berechtigt anderer Meinung sein. Nur müssten Sie es eben – beispielsweise gegenüber Eltern oder dem Team – auch gut begründen können. Und das können Sie in der Regel nur, wenn Sie die oben beschriebenen vier Schritte durchdacht haben.

Wichtig für die Erziehung ist darum nicht die Vermittlung von absoluten Werten (die es ja gar nicht gibt), sondern die Erklärung, wie man selbst zu einer wertenden Entscheidung gekommen ist. Egal also, wie Sie Tom infolge Ihrer Überlegungen behandeln, wichtig ist: Sie müssen ihm und allen anderen Kindern erklären, wie Sie zu Ihrer Entscheidung gelangt sind. Und Sie müssen Ihre Entscheidungen immer auf der Grundlage derselben Ethik treffen, so dass die Kinder die Chance bekommen, mit der Zeit selbst ethisch zu entscheiden.
Das ist so wichtig, dass wir daraus zwei goldene Regeln ableiten:

Goldene Regeln für die Praxis
1. *Erklären Sie den Kindern so schnell, wie es in der jeweiligen Situation möglich ist, wie Sie zu Ihrer wertenden Entscheidung gelangt sind. Geben Sie den Kindern die Chance, an Ihrer Einschätzung teilzunehmen.*
2. *Benutzen Sie zur Entscheidungsfindung immer dieselbe Ethik. Wechseln Sie die Ethik nicht von Fall zu Fall!*

TIPP

Am Schluss dieses Prozesses haben Sie zwei Informationen gewonnen. Sie wissen nun:

1. Ist das zu beurteilende Handeln „richtig" oder ist es „falsch"?

   Und wenn es falsch ist, wissen Sie

2. Welches Handeln wäre „richtig"?

Und das ist eine bombastische Grundlage für konkrete erzieherische Verhaltensweisen, denn wie haben wir es im ersten Kapitel gelernt?

Merksatz

Durch Erziehung verändern Sie die Meinung anderer darüber, was gut ist, und dadurch verändern Sie deren Verhalten.

Jetzt können Sie einem Kind nachvollziehbar begründen, warum ein Handeln richtig oder falsch ist und können dadurch von allen akzeptierbare Maßnahmen ergreifen, die das Kind auch zu dieser Einsicht führen – und das ist Erziehung!

Übrigens: Nachdem Sie das jetzt alles durchgelesen haben, denken Sie wahrscheinlich, dass das Erarbeiten einer Moral anhand dieser vier Schritte ewig lang dauert und dass man in der Realität gar keine Zeit hat, so etwas auf diese Weise zu klären. Aber dieser Eindruck täuscht! Mit entsprechender Übung bekommen Sie diese Schritte in wenigen Millisekunden hin, versprochen!

Noch etwas: Ich glaube, dass man bereits bei Kindern mit diesen Erklärungsversuchen beginne sollte, die möglicherweise noch gar nicht in der Lage sind, solche auch wirklich zu verstehen. Was auf jeden Fall bei dem Kind ankommt ist dies: „Ich bekomme da gerade eine Erklärung (die ich noch nicht verstehe)". Dadurch lernt das Kind, dass es ein Recht darauf hat, Erklärungen zu bekommen und es wird diese später, wenn es sie besser versteht, einfordern.

Fassen wir die vier Schritte grafisch nochmals zusammen, sieht das Ganze folgendermaßen aus:

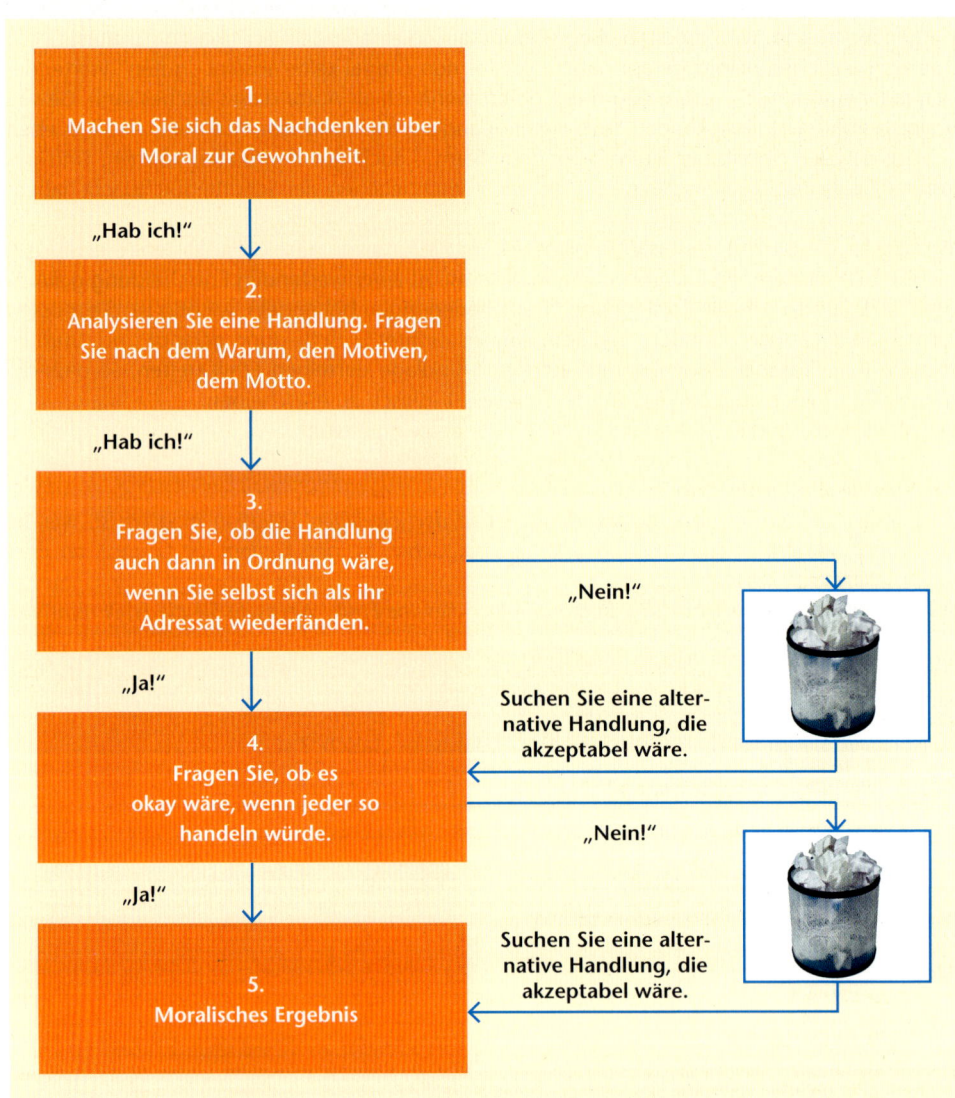

2.3 ... und was erziehen wir dann?

Jetzt haben wir wirklich gründlich darüber nachgedacht, wie wir im Rahmen der begrenzten Möglichkeiten des Menschseins Hinweise darauf finden können, was etwas „Gutes" und was etwas „Schlechtes" ist. Vielleicht besser gesagt: etwas „Richtiges" und etwas „Falsches". Dabei haben wir herausgefunden, dass etwas dann richtig ist, wenn es im Rahmen der jeweils angewendeten Ethik logisch und korrekt – oder mit einem Fremdwort ausgedrückt: stringent – ist. Falsch ist es, wenn es im Rahmen der angewendeten Ethik unlogisch ist, unschlüssig, eben nicht stringent. „Gut" und „schlecht", das sind problematische Begriffe, und Sie wissen jetzt auch, warum. Ein Kind tut nichts „Gutes" oder „Schlechtes" und es ist auch nicht Ihre Aufgabe, das Kind zu „guten" und „schlechten" Verhaltensweisen hinzuführen. Das geht ganz einfach deshalb nicht, weil es niemanden gibt, der

sagen kann, was denn wirklich „gut" oder „schlecht" ist.

Und so gesehen ist jede Erziehung, die in diese Richtung arbeitet ziemlich oberflächlich und immer nur auf den ersten Blick einsichtig, auf den zweiten Blick weiß man schon gar nicht mehr, woran man ist. Die gute Erziehung zur Moral weiß, dass es keine absolut guten oder absolut schlechten Werte gibt, sondern nur Menschen, die sich ethisch oder unethisch verhalten.

Das Ziel unserer Erziehung ist nicht, dem Kind irgendwelche oberflächlichen und beim genauen Hinsehen oft falschen Werte einzutrichtern. Es ist auch nicht das Ziel unserer Erziehung, dem Kind eine bestimmte Ethik (beispielsweise die des kategorischen Imperativs) als absolut gültig und deshalb zwingend einhaltbar zu vermitteln. Das alles wird zwar oft unter Erziehung verstanden, ist aber völlig falsch, unprofessionell und sogar gefährlich.

Der richtige Weg scheint mir letztlich nur darin zu bestehen, Kindern zu zeigen, wie ethisch konsequentes Verhalten begründet werden kann. Das bedeutet nämlich auf lange Sicht, den Kindern beizubringen, wie sie selbst zu richtigen und falschen Werten gelangen können. Wenn Sie Ihnen das in beliebig vielen Situationen vormachen, es Ihnen erklären – besser kurz als lang – oder auch nur ganz still vormachen; solange Sie es überlegt tun und sich immer selbst die Rechenschaft über ihre Entscheidung ablegen, helfen Sie den Kindern, selbst diese Fähigkeit aufzubauen.

Kinder zu lehren – sie dahin zu erziehen – , selbst innerhalb einer Ethik entscheiden zu können, was in einer bestimmten Situation richtig ist, das meint Erziehung zur Moral.

Wenn Kinder irgendeinen verwaschenen und nur teilweise aktuellen Katalog von irgendwelchen „Das-ist-guts" und „Das-ist-nicht-so-guts", „Das-ist-schlechts" und „Das-ist-fürchterlich-schlechts" lernen, den sie im Laufe ihres Älterwerdens dann doch wieder über Bord werfen, dann sind Sie schuld, und nicht die Kinder!

Erziehung zur Moral bedeutet, dass ein Kind die Fertigkeit erwirbt, selbst eine Moral zu entwickeln. Übrigens: Es ist nicht ungewöhnlich, dass selbst Erwachsene das nicht können. Und ich glaube auch nicht, dass es überhaupt einen Menschen gibt, der das perfekt beherrscht. Darum macht es auch gar nichts, wenn Sie merken, dass Sie selbst das (noch) nicht können. Doch Sie sollten unbedingt damit beginnen! Und sich darin üben, für den Rest Ihres Lebens. Denn nur das, was Sie selbst üben, können Sie anderen auch vermitteln.

3 Was dient dem Individuum? – Die Kategorie der natürlichen Anlagen

Moralische Werte sollen für alle gleich gelten – so steht's zumindest bei Kant. Moralerziehung hat also zum Ziel, Kinder möglichst gleich zu behandeln. Wir haben im ersten Kapitel gelernt, dass es nicht nur diese Form von Erziehung gibt (obwohl sie diejenige ist, die sich der Laie unter „Erziehung" vorstellt), sondern auch eine Form, in der jedes Kind anders behandelt werden muss. Das ist der Teil, in dem man durch Erziehung die natürlichen Anlagen eines Kindes fördert. Und weil die natürlichen Anlagen jedes Kindes andere sind, muss sich dieser Teil der Erziehung eben auch von Kind zu Kind unterscheiden.

Wenn man die natürlichen Anlagen eines Kindes optimal fördern möchte, braucht man mindestens zwei grundlegende Informationen:

1. *Man muss wissen, welche natürlichen Anlagen es überhaupt gibt, in welchen Bereichen die Förderung der natürlichen Anlagen demzufolge geschehen kann, sonst übersieht man möglicherweise bestimmte Bereiche.*

2. *Man muss wissen, auf welchem Gebiet das einzelne Kind optimal und ihm gemäß gefördert werden soll, damit dann in diesem Gebiet (oder diesen Gebieten) Erziehung stattfinden kann.*

3.1 Welche Bereiche der Förderung gibt es?

Dies ist die bedeutendste Frage, die die verschiedenen Bundesländer mit ihren jeweiligen Bildungsplänen beantworten möchten. Dort wird nämlich versucht, herauszufinden und verbindlich festzulegen, welche Bereiche es gibt und mit welchen Fördermöglichkeiten man Kinder auf diesen weiterhelfen kann. Wie einen „Kuchen" spalten die Bildungspläne die Gesamtheit der Fördermöglichkeiten auf – immer ein bisschen unterschiedlich, von Land zu Land verschieden. Das macht aber im Grunde nichts. Hauptsache, der ganze Kuchen wird beschrieben und – der Übersichtlichkeit halber – in Stückchen aufgeteilt. Wie man diese „Stückchen" nun genau bezeichnet und wo man Trennlinien setzt ist unterschiedlich und darf es auch sein. In Baden-Württemberg heißen die Kuchenstücke beispielsweise „Bildungs- und Entwicklungsfelder", in Nordrhein-Westfalen „Bildungsbereiche".
Hier ist eine Aufstellung der „Bildungskuchen" der wichtigsten Bundesländer:

Wozu dient die Aufteilung in Bildungsbereiche eigentlich? Nun, im Grunde könnte man sagen, dass Sie dadurch wissen, wo Sie Fördermöglichkeiten suchen könnten und sollten.
Wenn wir zum Beispiel das Bundesland Nordrhein-Westfalen betrachten, so haben die dortigen Verfasser die Auffassung gehabt, es gäbe vier große Bereiche, in denen sich natürliche Anlagen entwickeln würden:

1. Bewegung

2. Spielen – Gestalten – Medien

3. Natur und kulturelle Umwelten

4. Sprachen

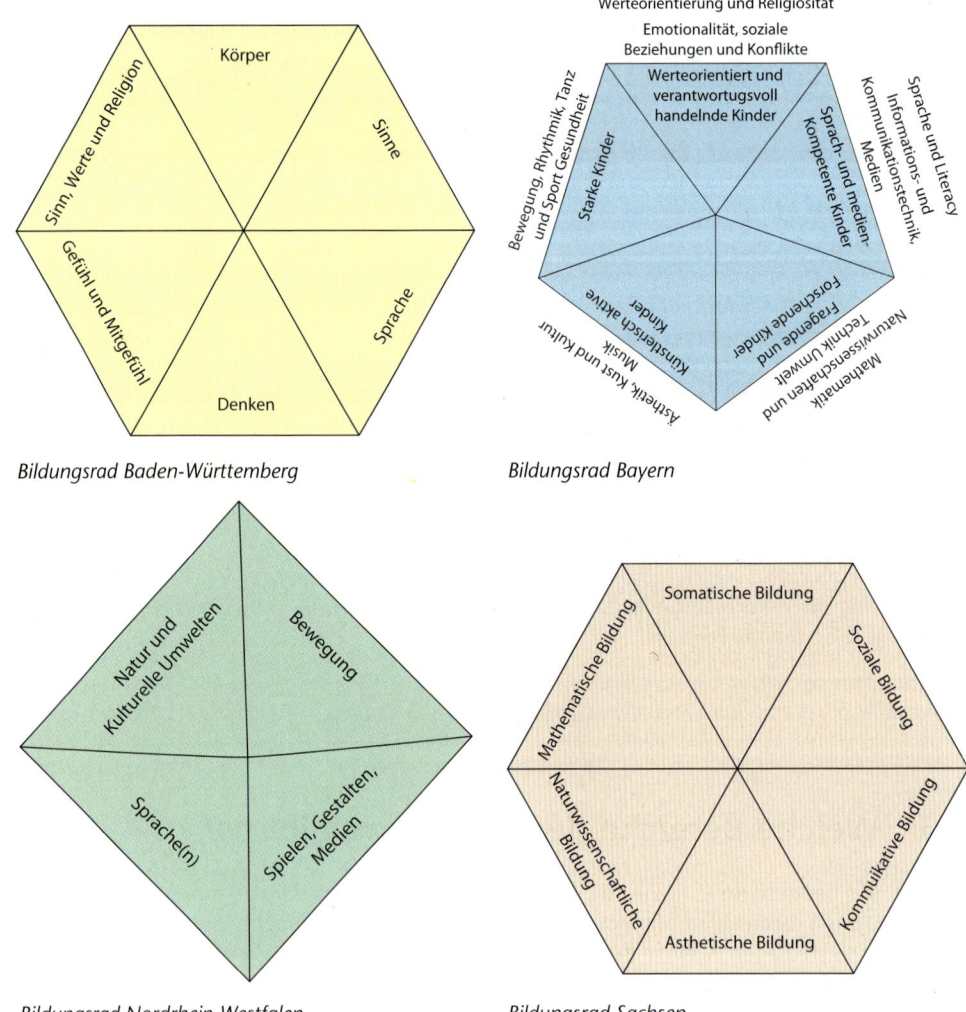

Bildungsrad Baden-Württemberg

Bildungsrad Bayern

Bildungsrad Nordrhein-Westfalen

Bildungsrad Sachsen

Konkret bedeutet das, dass Erzieherinnen in Nordrhein-Westfalen die natürlichen Anlagen des Kindes in diesen vier Bereichen suchen und finden. Von Kind zu Kind verteilen sich dabei die individuellen Stärken unterschiedlich auf die Bereiche.

Beispiel
Wenn Sie beispielsweise feststellen, dass Jenny besonders gut hüpfen und springen kann, dann liegt eine der Stärken von Jenny in dem Bereich der „Bewegung". Nehmen wir an, sie wäre besonders neugierig, das wäre dann der Bereich „Natur und kulturelle Umwelten".

A   *Aufgabe*
Suchen Sie für jeden der Bereiche konkrete Eigenschaften oder Merkmale heraus, anhand derer man Stärken in dem jeweiligen Bereich beispielhaft festmachen könnte.

So weit, so gut. Die Aufteilung in Bildungsbereiche liefert uns also eine Art „Suchhilfe". Die eigentliche Erziehung, also hier: die Förderung der natürlichen Anlagen, haben wir dadurch noch nicht vorangebracht. Also müssen wir analysieren, was wir tun können, um diese Anlagen tatsächlich zu fördern. Das bedeutet mal wieder tiefes und gründliches Nachdenken. Am besten mithilfe eines Beispiels:

Beispiel
Schauen wir in den Orientierungsplan Baden-Württembergs.
Dort heißt eines der Fördergebiete „Denken".

Aufgabe
Wenn Sie dieses Fördergebiet mit den oben aufgelisteten Fördergebieten Nordrhein-Westfalens vergleichen – wo spiegelt sich „Denken" dort wider?

Haben Sie dasselbe festgestellt, wie ich? Die Fördergebiete decken sich nicht gerade. „Denken" findet meiner Meinung nach eigentlich in allen vier Bereichen des Bildungsplans von Nordrhein-Westfalen statt. Ich zeige Ihnen dies vor allen Dingen deshalb, weil Sie erkennen sollen, dass es im Grunde egal ist, wie die Bereiche der natürlichen Anlagen aufgeteilt werden. Wichtig ist vielmehr, die Vielfalt der Fördermöglichkeiten zu erkennen – und zu nutzen. Und wie das geht, üben wir jetzt eben am Beispiel des „Denkens" aus dem Orientierungsplan Baden-Württembergs.[1]
In jedem Bildungsplan wird genau beschrieben, was unter dem jeweiligen Bereich eigentlich genau verstanden wird. Hier ein Auszug aus dem Orientierungsplan:
Denken meint hier, dass ein Kind ...

1. „... seine Umgebung genau beobachten kann und Vermutungen über die Umgebung anstellt",
2. „... seine Beobachtungen innerlich einordnen kann",
3. „... seine Beobachtungen dokumentieren kann",
(Baden-Württemberg, Orientierungsplan 2006, 103)

usw. – schauen Sie einfach selbst nach!

Wir beschränken uns zunächst auf diese drei Aspekte, sonst wird es zu kompliziert. Später folgt dann noch mehr.

Beispiel
Nehmen wir jetzt an, Sie wären mit den Kindern Ihrer Gruppe im Freien. Es ist ein wunderschöner Sommermorgen, der Tau hängt noch an den Gräsern und funkelt in einem Spinnennetz, in dem auch eine Fliege zappelt.

Wie könnte die Förderung der natürlichen Anlagen auf dem Gebiet des Denkens konkret aussehen? Was nennt der Orientierungsplan als ersten Punkt?

---

[1] *Baden-Württemberg Ministerium für Kultur, Jugend und Sport (Hrsg.): Orientierungsplan für Bildung und Erziehung für die baden-württembergischen Kindergärten. Beltz-Verlag, Weinheim, Basel, 2006.*

„Denken heißt [...] Beobachtungen und Vermutungen über die Umwelt anstellen."
(Baden-Württemberg, Orientierungsplan 2006, S. 103)

Und genau das tun Sie jetzt. Nehmen Sie sich in Gedanken ein Kind und helfen Sie ihm, seine Umgebung genau zu beobachten! Wie macht man das? Zeigt man ihm das Spinnennetz? Oder lässt man es das Spinnennetz selbst entdecken? Führt man es mit einer vorherbestimmten Absicht? Oder lässt man es eher frei entdecken?
Ich bin sicher, dass das auf die jeweilige Situation und das jeweilige Kind ankommt. Das eine Kind ist unglaublich neugierig, dem geben Sie einfach den Freiraum, damit es seine Neugier auch entfalten kann. Und obwohl dieses „Freiraum geben" eigentlich gar nichts ist, wozu Sie selbst etwas tun müssten – es ist trotzdem Erziehung! Erziehung kann darin bestehen, überhaupt nichts zu tun – solange dies überlegt geschieht.
Das andere Kind ist möglicherweise eher hilflos. Dieses Kind sollten Sie vielleicht behutsam zur Neugier auf das Spinnennetz hinführen.
Auch dieses Verhalten ist Erziehung. Absichtlich, behutsam und überlegt das Kind nicht einfach mit der Nase auf das Spinnennetz raufdrücken, sondern zärtlich die Neugier dieses Kindes wachkitzeln.

Verstehen Sie? Die wahre Kunst der Bildungserziehung besteht in dieser Überlegtheit, dieser Behutsamkeit und dem ganz gezielten Tun oder Nichts-Tun – je nachdem, was jedes einzelne Kind ganz speziell braucht!

Wie könnte es nun weitergehen? Im zweiten Punkt lesen wir,
Denken bedeutet auch,

„[...] seine Beobachtungen innerlich einordnen zu können."

Was tut ein Kind, um so etwas wie ein Spinnennetz innerlich einzuordnen? Einordnen bedeutet, dass man eine Sache – hier das Spinnennetz – „innerlich erhellt", es mit seinen Gedanken untersucht und es in das schon vorhandene Wissen über die Welt einsortiert. Ein Kind könnte z. B. jede Menge Fragen stellen:

● „Wozu dient ein Spinnennetz?"
● „Wie entsteht ein Spinnennetz?"
● „Aus welchem Material ist das Spinnennetz?"
● „Woher nimmt die Spinne das Material?"
● „Wie funktioniert das Spinnennetz?"

Das sind Fragen, die Sie alle mehr oder weniger schnell beantworten können. Das Kind kann das nicht, zumindest nicht, wenn es zum ersten Mal ein Spinnennetz richtig betrachtet und beobachtet.
Und es gibt so viele Dinge, die ein Kind noch nicht kennt! Und bei jeder neuen Sache gibt es so ungeheuer viele Fragen, die sich ein Kind stellt. Manche Fragen stellt das Kind von selbst, andere Fragen kommen erst zum Vorschein, wenn Sie behutsam nachhelfen. Dem Kind dabei zu helfen, diese Fragen zu stellen und zu beantworten, das meint, die „natürlichen Anlagen des Kindes zu fördern", das ist mit „Erziehung" gemeint!
Sie ahnen oder wissen, das dies in jedem einzelnen Fall, bei jeder neuen Sache, bei jedem Kind auf unterschiedliche Weise geschieht. Niemand kann das genau festlegen. Aber exakt das ist ja die Kunst der Erziehung: die richtigen Wege finden, damit die Förderung geschehen kann. Wie kann man das lernen? Nun, ich glaube, dass das vor allem dadurch geht, dass man sich selbst viele Situationen innerlich vorstellt und sich dabei Gedanken macht, wie diese

Situationen real aussehen könnten. Dabei übt man seine Fantasie und Kreativität, macht sein Gehirn für diese Aufgabe bereit und kann dann in einer echten Situation vielseitig reagieren. Das ist der Zweck des nächsten Abschnittes:

Ich habe Ihnen dort eine Reihe von Aufgaben formuliert, mit denen Sie üben können. Die Aufgaben beziehen sich immer auf die Ausgangssituation „draußen im Freien – Kind sieht Spinnennetz". Gut wäre es, wenn Sie das Beispiel auch auf andere Situationen übertragen.

3.1.1 Beispiele zur Förderung der natürlichen Anlagen

Beginnen wir, indem wir das obige Beispiel zu Ende bringen: Im Punkt 3 unserer Auflistung lesen wir, dass Denken auch bedeutet, seine Beobachtungen zu dokumentieren.

Aufgabe

Suchen Sie nach Möglichkeiten, wie diese Dokumentation der Beobachtungen am Spinnennetz konkret aussehen könnten. Und belassen Sie es bitte nicht bei der relativ einfallslosen Idee: „Die Kinder dürfen das Spinnennetz abmalen." – lassen Sie Ihre Fantasie mal richtig losspinnen [1]

A

Wenn wir dann weiter lesen, bedeutet Denken auch das

„Erkennen von Mustern, Regeln und Symbolen, um die Welt zu erfassen."
(Baden-Württemberg, Orientierungsplan 2006, S. 103)

Dieser Punkt hat es wirklich in sich. Es geht darum, dass man am kleinen Beispiel, in der alltäglichen Erfahrung Erkenntnisse gewinnen kann, die sich auf beliebig viele andere Situationen innerhalb der Welt übertragen lassen. Und das Interessante dabei ist: Es kann sich dabei um völlig verschiedene Situationen in ganz verschiedenen Bereichen handeln. Jetzt haben Sie ein Kind, ein Spinnennetz und vielleicht eine Fliege, die in dem Netz zappelt ... Was für Muster, Regeln, Symbole könnten damit verknüpft sein? Welches Wissen über andere Bereiche der Welt hängt hiermit vielleicht zusammen? Machen Sie sich bewusst: Wenn Sie nicht **jetzt** darüber nachdenken, ist die Wahrscheinlichkeit, dass Sie das in einer konkreten Situation tun, minimal und Sie verpassen die Chance, Kinder zu erziehen – also lassen Sie nicht locker und denken Sie nach!

Aufgabe

Welche allgemeinen Gesetzmäßigkeiten, Muster, Regeln darüber wie „die Welt funktioniert" lassen sich aus dieser Situation für das Kind erkennen? [2]

A

Manche Punkte zur Erklärung, was Denken konkret bedeutet, eignen sich für unsere Situation weniger gut, zum Beispiel diese:

– „Kinder entwickeln Mengenvorstellungen und erkennen Ziffern."
– „Kinder erstellen Pläne (z. B. Tagesplan, Plan eines Festes, Bauplan, Wegskizze)."
(Baden-Württemberg, Orientierungsplan 2006, S. 103)

---

[1] *Antwortvorschlag: Beispielsweise mit Bindfäden ein Spinnennetz nachbauen*
[2] *Antwortvorschläge: Sachen können kleben – Tiere können sterben – Spannung kann sich verteilen – Schwingung pflanzt sich fort – Sensoren usw.*

Wir lassen diese Punkte deshalb weg. Das bedeutet aber natürlich nicht, dass ihre Bedeutung geringer wäre – Sie müssen eben nur auf eine andere Beispielsituation warten.

Kommen wir zu einem Punkt, der für unsere Situation äußerst ergiebig ist:

„Kinder experimentieren und verfolgen eigene mathematische und technische Ideen."
(Baden-Württemberg, Orientierungsplan 2006, S. 103)

A   *Aufgabe*
So ein Spinnennetz ist eine fantastische Sache. Viel Gewicht wird von ganz dünnen Fäden gehalten. Was für Experimente könnte man durchführen? Welche mathematischen und technischen Ideen könnten sich entwickeln lassen?[1]

Ein letzter Aspekt soll hier noch angeführt werden:

„Kinder geben ihren Gedanken, Vorstellungen, Träumen und Wünschen einen ästhetisch-künstlerischen Ausdruck."
(Baden-Württemberg, Orientierungsplan 2006, S. 103)

A   *Aufgabe*
Welche Möglichkeiten fallen Ihnen zur ästhetisch-künstlerischen „Verarbeitung" eines Spinnennetzes ein? Seien Sie anspruchsvoll und geben Sie sich auch hier nicht mit „Na ja, wie wär's, wenn die Kinder das malen?" zufrieden.

An dieser Stelle beende ich jetzt das Beispiel „Kind im Freien – Spinnennetz". Ihnen ist hoffentlich klar geworden, dass dieses Beispiel nur eines von unzähligen Möglichkeiten ist. Auf der anderen Seite könnte dieses Beispiel auch zur Förderung ganz anderer Bereiche der natürlichen Anlagen dienen. Und für den Bereich des Denkens stellt dieses Beispiel nur eine von einer riesigen Anzahl von Förderungsmöglichkeiten dar.
Nehmen Sie sich ein Beispiel an diesem Beispiel! Übertragen Sie es auf andere Situationen, die Sie kennen, erleben, die Sie sich vorstellen, von denen Sie gehört haben und lassen Sie sich davon zum Üben inspirieren!

3.1.2 Konkrete Übungen zur Weiterentwicklung Ihrer Förderungskompetenz

Nehmen Sie als professionelle Pädagogin die Herausforderung an, wirklich zum Profi zu werden, wenn es um die Förderung der natürlichen Anlagen von Kindern geht! Das geht nicht mal eben so, das braucht ständige Übung. Diese Übung besteht vor allem darin, dass Sie sich – mit oder ohne den jeweils gültigen Bildungsplan – möglichst häufig darüber Gedanken machen, was die Förderung konkret bedeuten könnte. Und da das eine der ganz wichtigen Kernaufgaben einer Pädagogin ist, – denn schließlich ist das Erziehung – müssen Sie dieser Übung in Ihrer Aus- und Weiterbildung, ja sogar in Ihrem Alltag Platz einräumen!
Wie macht man das aber ganz konkret?

---

[1] *Antwortvorschlag: Ein Spinnennetz nachbauen – Gewichtsverteilung ausprobieren – Eigenen Klebstoff entwickeln – Sensoren und Alarmanlagen bauen – usw.*

Ich habe Ihnen mal wieder Schritte aufgelistet, die Ihnen helfen können:

1. Schritt:	2. Schritt:	3. Schritt:
Beobachten Sie mit offenen Augen Ihren Alltag in der Praxis. Welche Situationen liegen vor? Bleiben Sie immer wachsam!	Sie sollten wissen, welche Bereiche es auf dem Gebiet der natürlichen Anlagen gibt, um die jeweils beobachtete Situation auf diese Bereiche zu übertragen. Also: Ziehen Sie Ihren Bildungsplan zu Rate und lernen Sie auswendig, welche Bereiche es dort gibt. Lesen Sie intensiv die Beispiele, mit denen dort die jeweiligen Bereiche verdeutlicht werden und setzen Sie sich damit auseinander.	Wenn Sie eine Situation vor Augen haben, denken Sie jetzt nach: „Wie könnte die vorliegende Situation benutzt werden, um den Bildungsbereich meiner Wahl zu fördern?" – Finden Sie konkrete Aktivitäten und mögliche Alternativen.

Diese Überlegungen können Sie übrigens auch nach Feierabend durchführen. Seien Sie sich aber darüber im Klaren, dass es Arbeit kostet, darüber nachzudenken – das geht nicht von alleine und Sie müssen sich das richtig vornehmen. Ich habe mir solche Fragen übrigens immer auf dem Nachhauseweg von der Praxis vorgelegt, im Auto – statt Radio ...

3.2   Was soll gefördert werden? Der Sinn der pädagogischen Konzeptionen

Die Betonung dieser Überschrift liegt auf dem kleinen Wörtchen „soll". Was *soll* jemand können? Wie kann man das entscheiden?
Wie viel soll ein Kind können? Ist es „gut", wenn ein Kind beispielsweise weiß, dass Spinnen mit Gift töten können, dass es Spinnen gibt, die einen Menschen töten können? Ist es „gut", wenn ein Kind denken kann, aber nicht gut darüber sprechen? Ist es „gut", wenn ein Kind auf einem bestimmten Gebiet seiner natürlichen Anlagen besonders weit entwickelt ist, dabei aber die anderen Anlagen vernachlässigt? Sollte man vielleicht viel stärker auf eine möglichst gleichmäßige Förderung aller Anlagen achten? Oder sollte man eine bestimmte Begabung eines Kindes vertiefen und dabei bewusst die Förderung anderer natürlicher Anlagen vernachlässigen?
Ist ein Kind beispielsweise besonders musikalisch, sollte man die Zeit der Förderung darauf verwenden, diese Begabung zu fördern, oder sollte man lieber versuchen, gerade die „schwachen" Seiten der natürlichen Anlagen dieses Kindes zu fördern?
Sie sehen: Fragen über Fragen. Und wieder stehen wir vor der schwierigen Frage: Was ist „gut", was „schlecht"?

Gut, dass wir schon einiges an theoretischer Vorarbeit im letzten Kapitel geleistet haben, das können wir nämlich jetzt auf dieses Kapitel übertragen.
Erinnern Sie sich noch an die Unterscheidung zwischen Ethik und Moral? Ethik ist das Werkzeug, das man benutzt, um herauszufinden, was das Richtige ist und Moral ist das, was man mit der Hilfe von Ethik findet.

So ähnlich ist es auch hier: Es gibt verschiedene „Ethiken", die einem helfen, die obigen Fragen zu entscheiden. Was sind das konkret für Ethiken? Nun, es sind die unterschiedlichen pädagogischen Konzeptionen, für die sich eine Einrichtung entscheiden kann. Damit wird für alle pädagogischen Mitarbeiter zusammen beschlossen, wie sie in einer bestimmten Situation vorgehen sollen. Wieder gibt es dabei kein „gut" oder „schlecht", denn schließlich gibt es jede Menge gleichwertiger und doch sehr unterschiedlicher pädagogischer Konzeptionen. Statt dessen gibt es wieder nur ein „richtig" und „falsch", nämlich ob ein erzieherisches Handeln im Sinne der beschlossenen Konzeption fruchtet oder nicht.

Nehmen wir zum Beispiel einen besonders musischen Kindergarten. Dieser hat sich bewusst vorgenommen, die musische Begabung der Kinder zu fördern. Wie geht dieser Kindergarten mit einem Kind um, das nun tatsächlich eine solche Begabung zeigt? Klar, er fördert diese. Und er nimmt dabei in Kauf, dass andere Bereiche der natürlichen Anlagen (z. B. die Grobmotorik, das „Sportliche", das „Spielen" usw.) ein Stück weit vernachlässigt werden.

In der Konzeption eines Kindergartens kann festgelegt werden, nach welchen Prinzipien, nach welcher „Ethik" entschieden wird, was ein Kind können soll, wie es gefördert werden soll. In einer Konzeption kann übrigens auch festgelegt werden, nach welcher Ethik moralische Fragen (also welches Verhalten richtig oder falsch ist) entschieden werden. Dabei wird also nicht entschieden, was „gut" oder „schlecht" ist, sondern nur, wie in dieser konkreten Einrichtung Entscheidungen gefällt werden.
Das ist gut für die Eltern – sofern sie das wissen und dadurch die Wahl zwischen verschiedenen Konzeptionen haben. So können sie sich eine Konzeption aussuchen, die ihrer eigenen Ethik ähnelt, oder sie gut ergänzt.
Schlecht ist es aber für die Eltern, wenn die Einrichtungen nicht durch eine Darstellung der Konzeption verdeutlichen, wie sie entscheiden. Dann kann es nämlich vorkommen, dass sie ihr Kind in einen Kindergarten geben, in dem es nicht auf die Weise gefördert wird, wie sie sich das wünschen.

Wieder ein kleines Beispiel: Nehmen wir einen klassischen Waldkindergarten. Ohne dass Sie jetzt diesen speziellen Waldkindergarten kennen: Wie, glauben Sie, wird sich dieser Waldkindergarten hinsichtlich der Förderung des grob- und feinmotorischen Bereiches entscheiden? Ist er ihm wichtiger oder unwichtiger als andere Bereiche der natürlichen Anlagen – oder etwa gleich wichtig? Ich meine, er ist ihm wichtiger. Deshalb entscheiden sich Eltern, denen das auch besonders wichtig ist, ihr Kind in eine solche Einrichtung zu geben.

Eltern sollten also vorher wissen, welche Ethik, welche Konzeption eine Einrichtung sich selbst zugrundelegt und sie sollten darüber entscheiden dürfen, ob sie diese Konzeption für angemessen halten. Also sollten Sie den Eltern unbedingt sagen, worauf Sie besonderen Wert legen.

Übrigens: Sie könnten in Ihrer pädagogischen Konzeption genauso gut auch festlegen, dass Sie sich auf eine möglichst gleichmäßige Förderung der natürlichen Anlagen jedes Kindes konzentrieren, dass ein Kind in Ihrer Einrichtung also gerade **nicht** in seinen besonderen Begabungen gefördert wird, sondern möglichst umfassend.
Verstehen Sie jetzt die Bedeutung und den Sinn einer pädagogischen Konzeption für eine Einrichtung?

Die Entscheidung darüber, was ein Kind können soll, fällt immer im Zusammenhang mit dem jeweiligen Kind und der jeweiligen pädagogischen Konzeption, die man verfolgt. Das mit der Konzeption haben wir bereits geklärt, bleibt noch das jeweilige Kind. Nicht jedes Kind kann auf jedem Bereich der natürlichen Anlagen gleich viel, deshalb wäre es fatal, wenn man jedem Kind die gleiche Förderung zukommen lassen würde, das muss schon individuell angepasst geschehen.
Wie aber bekommt man heraus, was ein ganz bestimmtes Kind können soll? Nun, ein Teil der Antwort auf diese Frage fällt aus dem Rahmen dieses Buches. Es geht nämlich darum, genau zu beobachten, was ein Kind kann. Beobachtung ist ein extrem umfangreiches und komplexes Thema, das wir in diesem Buch nicht behandeln können (Wenn es Sie interessiert, forschen Sie doch mal auf eigene Faust oder fragen Sie Ihren Lehrer!).
Aber eines können Sie auf jeden Fall: Sie könnten sich bei jedem Kind, das Ihnen anvertraut ist, immer selbst fragen: „Was kann dieses Kind schon?" Und: „Was könnte es als Nächstes lernen?" Ich glaube, dass Sie mit diesen beiden Analysefragen bereits sehr gute Antworten finden. Nur: Sie müssen diese Fragen auch stellen. Und zwar ganz konkret, für jedes Kind. Und immer wieder neu. Denn so wie sich das Kind weiterentwickelt und entfaltet, entwickelt sich auch sein Förderbedarf immer weiter.

Um das Ganze ein bisschen einfacher zu machen, habe ich für Sie konkret eine Liste von Detailfragen zusammengestellt, die Ihnen helfen können, ein Kind individuell zu fördern. Wie wär's, Sie fragten sich bei jedem einzelnen Kind (beispielsweise Tobias):

- Was kann Tobias schon wahrnehmen? Was könnte Tobias als Nächstes wahrnehmen? Wie könnte das konkret angeregt werden?

- Was kann Tobias schon (durch Sprache) ausdrücken? Welche Ausdrucksmöglichkeiten (Worte, Gesten usw.) könnte er als Nächstes kennenlernen? Wie könnte das konkret angeregt werden?

- Was kann Tobias bereits durch Denken erfassen? Welche Vorgänge könnte er als Nächstes erkunden? Wie könnte das konkret angeregt werden?

- Was findet Tobias schön? Auf welche Bereiche könnte sein Empfinden ausgeweitet werden? Wie könnte das konkret geschehen?

- Wie empfindet Tobias? Könnte sein Empfindungsvermögen ausgeweitet werden? Wie könnte das konkret geschehen?

- Was hält Tobias moralisch für richtig? Wie könnte sein Entscheidungsvermögen verbessert werden? Wie könnte das konkret geschehen?

Das sind Fragen, die ich mir selbst ausgedacht habe. Sie orientieren sich an den verschiedenen Bereichen, die die unterschiedlichen Bildungspläne vorschlagen. Ich habe sie eigentlich nur mit ein wenig Hirnschmalz zu konkreten Analysefragen umgebaut. Das können Sie auch! Sie können diese Fragen anwenden, Sie können eigene Fragen hinzu nehmen, Sie könnten die Antworten auf diese Fragen schriftlich in einem Portfolio dokumentieren.

4 Was machen Sie, wenn Sie erziehen?

In diesem Kapitel wird Ihnen eine erstaunliche Tatsache präsentiert: Erziehung ist nichts anderes als das Liefern eines Beweggrundes und das Schaffen von Raum für Verhaltensänderung. Mehr nicht. Die Schwierigkeit bei der Erziehung ist nicht die Frage nach dem „Wie". Es ist vor allem die Frage nach dem „Wohin".

Wir haben im ersten Kapitel gelernt, was Erziehung ist. Wie hieß die Definition dort gleich?

D *Erziehung verändert die Verhaltensweisen eines Menschen*

Wir haben bereits im ersten Kapitel festgestellt, dass diese Definition einem nicht wirklich dabei hilft, einem Außenstehenden in einem Satz zu erklären, was Erziehung ist. Ich habe dort gemeint, dass eine Definition in einem kurzen Satz vielleicht auch prinzipiell gar nicht möglich ist, weil da einfach zu viel drinsteckt. Aber ich habe Ihnen versprochen, dass man in der Praxis viel mit dieser Definition anfangen kann. Und dieses Versprechen will ich nun beginnen, einzulösen. Wir beschäftigen uns in diesem Kapitel mit der Frage, was wir eigentlich genau machen, wenn wir erziehen. Die Antwort dafür ist die Voraussetzung für den praktischen Teil dieses Buches, in dem ich Ihnen all jene Verhaltensweisen vorstelle, mit deren Hilfe Sie erziehen können.

Fangen wir mit einer Aufgabe an:

A *Aufgabe*
Was muss geschehen, damit sich die Verhaltensweise eines Menschen ändert? Versuchen Sie, diese Frage ganz gefühlsmäßig und ohne große Fachsimpelei zu beantworten. Vielleicht benutzen Sie Beispiele aus Ihrem eigenen Leben? Wann haben Sie zuletzt eine Verhaltensweise geändert? Warum?

Generell betrachtet, gibt es Fälle, in denen sich die Verhaltensweise eines Menschen ändert, ohne dass man dabei von typischer Erziehung sprechen würde. Das bedeutet noch lange nicht, dass unsere Definition falsch ist, denn wir haben ja auch nicht behauptet, dass die Verhaltensweisen eines Menschen nur durch Erziehung geändert werden. Diese Fälle, in denen sich Verhaltensweisen offensichtlich eher nicht durch Erziehung verändern, helfen uns, Erziehung selbst besser zu verstehen, und deshalb zeige ich Ihnen ein paar Beispiele für solche Fälle.

4.1 Verhaltensweisen ändern sich durch biologisch bedingte Ursachen

Ein gutes Beispiel hierfür ist die Pubertät. Sie wissen das wahrscheinlich noch recht gut: Plötzlich verändert man sein Verhalten gegenüber dem anderen Geschlecht. Früher hat man mit den Jungs gespielt, sie geärgert oder sie waren einem egal.
Irgendwann einmal hat man angefangen, mit Jungs zu flirten und all das. Sie wissen selbst: Ihre Verhaltensweisen haben sich nicht nur sporadisch geändert, nein, der ganze Mensch in der Pubertät ist quasi eine geänderte Verhaltensweise. Aber ist sie durch Erziehung verursacht worden? Nein. Die Veränderung entsteht durch biologische, hormonelle Ursachen.

Es gibt eine Vielzahl biologisch bedingter Verhaltensänderungen. Das können deutliche biologische Prozesse sein, wie Pubertät, Wechseljahre usw., oder eher unscheinbare, wie der Monatszyklus. Es können auch eher unnatürliche Prozesse sein. Ich habe mir zum Beispiel mal mit der Kreissäge einen Finger abgesägt. Das war nicht gerade natürlich, aber eine Verhaltensänderung hat diese Erfahrung trotzdem hervorgerufen: Seither habe ich gewaltigen Respekt im Umgang mit Maschinen, meine Verhaltensweise in der Werkstatt hat sich deutlich geändert.

Wir müssen das hier gar nicht weiter vertiefen, es genügt, wenn wir uns diese Ursache der Verhaltensänderung ausgemalt und gemerkt haben. Es gibt Verhaltensänderungen, deren Ursache biologischer Natur ist, bei denen man also nicht sagen würde, dass sie durch Erziehung hervorgerufen wurden, obwohl ...?
Naja ... Vielleicht erkennt man ja doch: „Meine Behinderung hat mich ganz schön erzogen – ich gehe jetzt mit Respekt an Kreissägen heran." Vielleicht erkennt man: „Durch die Pubertät habe ich einen reiferen Umgang mit Menschen gelernt – sie hat mich erzogen." Was meinen Sie?

4.2 Verhaltensänderungen geschehen durch psychische Ursachen

Auch hier wieder ein Beispiel. Nehmen Sie an, Sie geraten durch welche Ursachen auch immer (möglicherweise biologische, s. o.) in eine Depression hinein. Natürlich verändert diese Depression Ihre Verhaltensweisen. Sie werden inaktiv. Sie besuchen keine Freunde mehr. Sie kleiden sich anders. Die Veränderungen können enorm und sehr vielfältig sein. Natürlich würde man das eher nicht als Erziehung bezeichnen, obwohl ...?
Naja. Vielleicht sagen Sie ja, wenn Sie die Depression überstanden haben: „Die Depression hat mich ganz schön erzogen, ich weiß jetzt das Glück viel mehr zu schätzen".

Wir könnten hier noch eine ganze Reihe von Beispielen betrachten, eigentlich möchte ich Ihnen aber dies zeigen: Selbst bei Bereichen der Verhaltensänderung, die man üblicherweise nicht der Erziehung zuschreibt, ist die Erziehung als Phänomen nicht weit entfernt. Und deshalb finde ich, können wir den Vorgang der Verhaltensänderung ganz allgemein betrachten, ohne groß die Unterschiede zu beachten, wodurch die einzelnen Verhaltensänderungen jeweils genau zustande gekommen sind. Fragen wir uns also ganz allgemein: Was geschieht eigentlich, wenn Menschen ihr Verhalten ändern?

4.3 Was geschieht eigentlich, wenn sich Verhalten ändert?

Was haben Sie denn in der Aufgabe oben herausgefunden? Was muss geschehen, damit ein Mensch sein Verhalten ändert? Was ist das erste Ereignis in der Kette der Veränderungen?
Die Antwort ist, wenn man es genau betrachtet, so banal, dass man sich fast nicht traut, sie auszusprechen:
Wenn sich die Verhaltensweise eines Menschen ändert, geschieht das deshalb, weil dieser Mensch einen *Beweggrund* hat, sein Verhalten zu ändern. Der Mensch hat einen Beweggrund, sich zu verändern. Hätte er keinen, würde er sich nicht verändern.
Prüfen Sie mal nach, ob Sie sich eine Verhaltensänderung vorstellen können, die tatsächlich ohne Beweggrund geschieht.
Es kommt dann noch was dazu, das man erst erkennt, wenn man etwas genauer hinschaut: Die Verhaltensweise eines Menschen ändert sich selbst bei vorhandenem Beweggrund aber nur dann, wenn dieser Mensch die Möglichkeit, den *Raum* hat, sein Verhalten zu ändern.
Anders gesagt: Wenn Menschen einen Beweggrund haben, ihr Verhalten zu ändern, und sie den Raum zur Veränderung haben, dann ändern sie ihr Verhalten. Zwingend. Ohne Ausnahme (oder finden Sie eine Ausnahme?).

Merksatz
Menschen ändern ihr Verhalten, wenn Sie einen Grund dafür haben und der Veränderung Raum zur Verfügung steht.

4.4 Also: Was tut man, wenn man erzieht?

Jetzt kommt der entscheidende Punkt:
Wenn Erziehung – so wie wir es herausgearbeitet haben – nichts anderes als Verhaltensänderung ist, dann gilt das, was wir soeben generell für Verhaltensänderungen gesagt haben, in gleichem Maße für Erziehung. Und das meint mindestens drei wichtige Konsequenzen, die man in ihrer Bedeutung nicht groß genug einschätzen kann.

1. Konsequenz

Wenn Sie das Verhalten eines Kindes ändern wollen (vielleicht, weil es die anderen stört, weil das Kind sich selbst schadet usw.), dann müssen Sie dem Kind einen einleuchtenden Grund geben, sein Verhalten zu ändern. Und Sie müssen ihm den Raum, die Möglichkeit geben sein Verhalten zu ändern.
Sonst nichts! Einen Grund und den notwendigen Raum, mehr nicht. Kein Geheimrezept, kein Hokuspokus.
Klar, der Grund muss nicht nur Ihnen einleuchten, sondern auch dem Kind. Welche Voraussetzungen gegeben sein müssen, damit ein Grund einleuchtend wird, werden wir im zweiten Teil dieses Buches gründlich bearbeiten. Hier genügt es zuerst mal, sich das wirklich auf der Zunge zergehen zu lassen: Wer Verhalten ändern will, muss einen Grund dafür liefern und den Raum, mehr nicht, das ist nicht besonders schwierig.

Das Schwierige ist vielmehr, zu wissen, warum es eine Verhaltensänderung geben und in welche Richtung sie gehen soll. Die Menschen ändern viel schneller und häufiger ihr Verhalten, als wir das mitbekommen. Wir merken es deshalb kaum, weil die wenigsten Änderungen in eine einheitliche Richtung gehen. Gäbe es diese einheitliche Richtung, würden wir sie bestimmt bemerken und das, was mit diesem Menschen geschieht, möglicherweise sogar als Erziehung erkennen.

Wir sollten dafür sorgen, dass die Erziehung, die von uns ausgeht, nur dann geschieht, wenn wir uns bewusst für eine Richtung entschieden haben. Ansonsten würden wir das Chaos der dauernden Verhaltensänderungen ja nur noch weiter vergrößern.

2. Konsequenz

Jede Änderung im Verhaltens eines Kindes hat entweder biologische Ursachen (z. B. hormonelle Veränderungen) oder das Kind hat einen Beweggrund, der ihm einleuchtend erscheint. Wenn ein Kind sich also ändert, dann hatte es zu dieser Änderung (biologische) Gründe und Möglichkeiten, bzw. Raum für seine Änderung – auch wenn diese Änderung vielleicht in eine Richtung verläuft, die Ihnen gar nicht recht ist. Irgendjemand hat dem Kind einen Grund geliefert und ihm Raum zur Änderung zur Verfügung gestellt. Gäbe es diesen Grund nicht oder/und hätte das Kind keinen Raum zur Verhaltensäußerung gehabt, dann würde es das Verhalten auch nicht zeigen. Kein Kind „erfindet" sein Verhalten aus dem „luftleeren Raum".

Merksatz

Menschen, die ein (unerwünschtes) Verhalten zeigen, haben einen Grund und Raum dafür.

M

Wenn Sie (oder die Eltern, oder die Gesellschaft) dieses Verhalten nicht wünschen, dann müssen Sie den Beweggrund für dieses Verhalten entkräften oder den Raum zur Verhaltensäußerung wegnehmen. Dann wird dieses Verhalten auch nicht mehr gezeigt werden. Das Schwierige ist dabei nicht unbedingt, das Verhalten zu verhindern, sondern zu wissen, *warum* man es nicht wünscht. Wenn man das nämlich nicht genau weiß, dann hat man ein Problem: Warum nämlich sollte ein Beweggrund zur Verhaltensänderung für ein Kind einleuchtend sein, wenn Sie selbst noch nicht einmal wissen, warum das Kind sein Verhalten ändern sollte. Und machen Sie es sich da nicht einfach: Begründungen wie „Das gehört sich so!" oder „Das macht man nicht!" sind zwar stärker verbreitet, als man denkt, aber deshalb sind sie noch lange nicht einleuchtend. Der Grund für fehlende Verhaltensänderung bei Kindern liegt in der Regel nicht bei den Kindern, sondern bei denen, die sie erziehen.

Der Raum zur Verhaltenäußerung ist schnell begrenzt. Manche sperren Kinder einfach in die Bauecke und finden das auch noch „gut". Das ist nicht das Schwierige. Das Schwierige ist, wirklich begründen zu können, warum man den Raum begrenzt. Wenn Sie das nicht können, wird in dem Moment, wo der Raum (aus welchen Gründen auch immer) wieder freigegeben ist, das ursprüngliche Verhalten wieder gezeigt werden.

3. Konsequenz

Wenn Sie keine einleuchtenden Gründe zur Verhaltensänderung liefern können (warum auch immer), oder wenn Sie den Raum zur Verhaltensänderung nicht bereitstellen (warum auch immer), dann werden Sie nicht erziehen!

Verwechseln Sie lautstarke Unmutsäußerungen oder scheinbar begeisterte Lobeshymnen oder andere „pädagogisch" wirkenden Äußerungen gegenüber Kindern nicht mit dem, was Erziehung wirklich ist. Sie können am Abend eines Tages todmüde sein, weil Sie gerödelt und gerödelt haben, und haben dabei doch keine Sekunde lang erzogen.

Wer keine einleuchtenden Gründe schafft, kommt auch mit dem Patentrezept einer Supernanny auf keinen halbwegs grünen Zweig. Wer nicht in der Lage ist, den Kindern Raum zur erwünschten Verhaltensänderung zu geben, sollte gleich gar nicht erst anfangen, ihr

Verhalten ändern zu wollen. Bevor Sie also erziehen, denken Sie immer darüber nach, in welche Richtung. Wir haben bereits gelernt, wie das geht. Es steht in den vorangegangenen Kapiteln. Und öffnen Sie den Raum, damit das erwünschte Verhalten möglich wird.

Ganz nebenbei: Unsere Definition von Erziehung hat sich verändert. Sie klingt jetzt schon viel interessanter:

D *Erziehung ist das Schaffen von Beweggründen und das Geben von Raum für Verhaltensänderungen.*

Erziehung nach dieser Definition geschieht schneller, als man denkt. Wir merken: Erziehung ist nicht das Problem – Menschen, also auch Kinder, verändern ihr Verhalten schnell. Nein, das Problem ist, dass viele Menschen nicht genau wissen, wohin sie eigentlich wollen, mit sich selbst und mit ihrem Kind. Darum gehen sie einmal in die eine Richtung und danach in die andere. Weil sie die ganze Zeit tätig waren, meinen sie, sie hätten viel geleistet, fühlen sich müde und sind überzeugt, einen Misserfolg bei der Erziehung doch wenigstens nicht auf die eigene Untätigkeit zurückführen zu müssen. Leider ist es aber genau das! Auch wenn die Untätigkeit in einem Bereich stattgefunden hat, dessen Bedeutung vielen gar nicht bewusst ist.

Sinnvolle, erfolgreiche Erziehung braucht als unbedingte Voraussetzung eine Antwort auf die Frage: „Was ist richtig?"
Nicht der zweite Teil unsere Buches ist der schwere Teil, nicht die Frage: „Wie geht Erziehung?" ist schwer zu beantworten, die wirklich schwere Arbeit steckt im ersten Teil dieses Buches, in der so schlicht wirkenden Frage: „Wohin geht Erziehung?"

Hoffentlich sind Sie nicht dafür verantwortlich, dass die Erziehung Ihrer Kinder in die falsche Richtung geht. Beruhigen Sie sich nie am Ende eines Arbeitstages anhand des Grades Ihrer Müdigkeit. Gute Erziehung erkennt man nicht daran, dass sie müde macht, im Gegenteil: Gute Erziehung ist eigentlich nur während des Nachdenkens über die Richtung anstrengend und das auch nur im Kopf (und nicht in der Stimme).

Verstehen Sie jetzt, warum es so notwendig war, diesen langen theoretischen Teil durchzuarbeiten? Dort haben Sie nämlich gelernt, wie man herausfindet, welches Ziel für Erziehung richtig ist. Sie haben das auf moralischem Gebiet gelernt und Sie haben es für den Bereich der natürlichen Anlagen gelernt.

Sie haben also die Voraussetzung dafür geschaffen, dass Sie die Verhaltensänderungen der Kinder, die Ihnen anvertraut sind, nicht in die falsche Richtung lenken.

Wenn Sie jetzt merken, dass Sie die letzten beiden Kapitel eher flüchtig gelesen haben, dann sollten Sie diesen Fehler gutmachen, indem Sie diese Kapitel nochmals durcharbeiten. Erst wenn Sie die „Theorie" richtig kapiert haben, sollten Sie zum zweiten Teil dieses Buches übergehen.

5 Erziehungsmittel als Beweggründe für Verhaltensänderung

In diesem Kapitel erfahren Sie, aus welchen Beweggründen heraus Kinder sich ändern können. Um Verhaltensänderungen zu bewirken, sind verschiedene Beweggründe möglich. In der Pädagogik bezeichnet man die Beweggründe für Verhaltensänderung oft mit dem Begriff „Erziehungsmittel".

Wer das Verhalten eines anderen Menschen ändern will, wer also erziehen will, muss wissen, **wohin** er erziehen will. Hat er die Richtung seiner Erziehung gefunden, muss er dem Menschen, der sich ändern soll, einen einleuchtenden **Beweggrund** dafür liefern und er muss außerdem den zur Veränderung notwendigen **Raum** schaffen. Sind diese Voraussetzungen erfüllt, wird Erziehung stattfinden.

Man kann aus dieser einfache Ansammlung von Bedingungen für Erziehung auch den Umkehrschluss ziehen: Findet keine (sichtbare) Erziehung statt, dann ist mindestens eine dieser drei Bedingungen nicht erfüllt: Man hat kein Ziel (wohin?), man liefert den falschen Beweggrund, oder man gibt zur Veränderung keinen Raum.

Wer professionell erziehen will, muss sich damit auseinandersetzen, wie er diese drei Bedingungen schaffen kann. In den vergangenen Kapiteln haben wir uns mit der Frage nach dem „wohin" beschäftigt. In den nächsten beiden Kapiteln wird genau beschrieben werden, was Sie sich unter den Begriffen „Beweggrund" und „Raum" vorstellen können.

Welche Beweggründe gibt es, die einen Menschen dazu bringen, sein Verhalten zu ändern? Wenn jemand etwas tut, hat er dafür immer irgendeinen Grund. Er tut genau das (und nicht etwas anderes), weil er – grob gesagt – diese Möglichkeit des Verhaltens angenehmer findet als eine mögliche Alternative. Er verhält sich so, wie er sich verhält, weil er dies im Augenblick für die bestmögliche (oder am wenigsten unangenehme) Verhaltensweise hält. Diese Erklärung menschlichen Verhaltens leuchtet wahrscheinlich auch Ihnen spontan ein, sie hat nur einen Haken: Das, was Ihnen selbst als angenehm erscheint, ist nicht unbedingt auch für einen anderen Menschen angenehm. Das Verhalten, das Sie für das „Beste" halten, muss für einen anderen Menschen nicht unbedingt genauso attraktiv sein. Die einen lieben Ruhe und Beschaulichkeit, die anderen brauchen Lärm und Action. Die einen hassen es, wenn sie bis zur nächsten Bushaltestelle laufen müssen, die anderen joggen jeden Tag ein paar Kilometer und finden das ganz toll.

Ein einleuchtender Beweggrund kann also für jeden Menschen etwas anderes sein. Wenn Sie einem Kind einen triftigen Beweggrund zur Änderung seines Verhaltens anbieten wollen, bedeutet das, dass Sie durchaus Ihre Fantasie ein bisschen anstrengen müssen und nicht einfach nur von sich selbst ausgehen dürfen. Sie müssen nämlich einen Beweggrund finden, der für das Kind (und nicht für Sie) ausschlaggebend ist.

Insgesamt gibt es drei, bzw. vier verschiedene Kategorien oder Arten von Beweggründen für Verhaltensänderung und wir werden uns diese weiter unten genau anschauen. Dabei werden Sie feststellen, dass die einzelnen Kategorien viel gemeinsam haben. In der Realität kann man die einzelnen Arten nicht immer eindeutig einer bestimmten Kategorie zuordnen. Um Ihnen aber die Besonderheiten der einzelnen Kategorien besonders eindrücklich zu zeigen, habe ich im folgenden die Grenzen zwischen den einzelnen Kategorien künstlich ein bisschen hervorgehoben. In der Realität verschwimmen die Grenzen eher.

Man kann sich diese Kategorien wie unterschiedliche Arten von „Werkzeugen" vorstellen, die für einen speziellen Zweck besonders geeignet sind, für andere Zwecke manchmal aber auch ganz sinnvoll sein können. In der Realität benutzt man für eine bestimmte Arbeit eine Kombination verschiedener Werkzeuge, und so ist es hier auch. Man spricht nur nicht von Beweggründen für Verhaltensänderung, auch nicht von „Werkzeugen", sondern in dem Moment, wo sie mit erzieherischer Absicht eingesetzt werden, lautet der offizielle Begriff „Erziehungsmittel" und den benutzen wir ab jetzt. Erziehungsmittel sind also verschiedene Beweggründe für Verhaltensänderungen, die sich zwar deutlich voneinander unterscheiden lassen, in der Realität dennoch viele Schnittmengen aufweisen und häufig in Kombination gebraucht werden.

Nach dem gegenwärtigen Stand der Wissenschaft (und es sieht nicht aus, als ob da in absehbarer Zeit noch etwas hinzukommen würde), können Sie davon ausgehen, dass alle Erziehungsmittel mittlerweile bekannt sind – es gibt keine weiteren „unentdeckten" oder „Zaubermittel". In einer dieser Kategorien steckt das Erziehungsmittel, das das Verhalten des Kindes ändern wird. Anders formuliert: Wenn Sie alle Kategorien (dem entsprechend, was Sie gleich lernen werden) erfolglos ausprobiert haben, also keine Verhaltensänderung beobachtbar ist, dann liegt das nicht daran, dass Sie die falschen Erziehungsmittel benutzt haben (denn es gibt nicht noch weitere), sondern entweder daran, dass Sie keinen Raum zur Verhaltensänderung geben (siehe nächstes Kapitel) oder in Ihrer Zielsetzung unschlüssig sind (siehe vorangegangene Kapitel).

Wir kennen die folgenden Kategorien von Erziehungsmitteln:

- Belohnung
- Strafe
- Gewöhnung
- Kontingenz (Dieses Erziehugsmittel unterscheidet sich von den anderen, aber das werde ich an der entsprechenden Stelle genauer erläutern.)

Was darunter genau zu verstehen ist, sehen wir uns jetzt in aller Ruhe gemeinsam an.

5.1   Belohnung als Erziehungsmittel

Beginnen wir mit dem absoluten „Klassiker" der Erziehungsmittel: der Belohnung.
Menschen verhalten sich in erwünschter Weise, weil sie sich durch ihr Verhalten in einen angenehmeren Zustand versetzen wollen, kurz: Sie erstreben eine Belohnung. Die kann klein oder groß sein, kurzfristig oder langfristig wirksam.

Beispiel
Katrin, drei Jahre alt, lernt gerade, tagsüber ohne Windel zu sein. Jedes Mal wenn sie es vor dem Unglück auf's Töpfchen schafft, bekommt sie ein Gummibärchen.

Aufgabe **A**
Ein paar mehr oder weniger knifflige Fragen dazu:
- *Was ist das erwünschte Verhalten?*
- *Wer setzt dieses Verhalten in Gang?*
- *Erfordert diese Belohnung viel Nachdenken oder Willenskraft?*
- *Ist die Belohnung groß oder klein?*
- *Was würde geschehen, wenn man diese Belohnung über lange Zeit geben würde?*
- *Was würde geschehen, wenn Katrin die Gummibärchen nicht systematisch gegeben würden, sondern eher zufällig?*

Ein anderes Beispiel:

Beispiel
Franziska, 18 Jahre alt, ist irgendwie lustlos. Den ganzen Tag hängt sie auf dem Bett herum. Freunde hat sie eigentlich keine. Eines Tages sieht sie in einer Illustrierten junge Leute, die mittelalterliches Brauchtum auf Festen zeigen und sich damit auch sonst in ihrer Freizeit befassen. Sie schließt sich einer Gruppe solcher Leute an. Jetzt hat sie viel zu tun – und viele Freunde.

Aufgabe **A**
Wieder ein paar knifflige Fragen dazu:
- *Warum ändert sich Franziska?* **Nicht vorschnell antworten! Nachdenken!**
- *Wird Franziska in der Gruppe bleiben, wenn sie dort wenige/keine Freunde findet? Wovon hängt das ab?* **Nicht vorschnell antworten! Nachdenken!**
- *Würde sie in die Gruppe gehen, wenn sie die Langeweile auf dem Bett gar nicht bemerken würde?* **Nicht vorschnell antworten! Nachdenken!**
- *Wer erzieht Franziska?* **Nicht vorschnell antworten! Nachdenken!**

Wahrscheinlich haben Sie gemerkt, dass vor allem die Fragen des zweiten Beispiels gar nicht so einfach zu beantworten sind. Da steckt eine Menge dahinter. Warum ändert sich Franziska eigentlich? Oberflächlich betrachtet würde man vielleicht annehmen, dass sie das vielleicht aufgrund ihrer Einsamkeit macht. Gibt es aber noch weitere Erklärungen? Tieferliegende?
Wenn Sie gründlich über die Fragen nachgedacht haben, dürften Ihnen bereits hier klar werden: Die Motive für Änderung und die Art der „Belohnungen" können ganz schön vielschichtig sein. Aber noch mehr: Die Kraft, mit der ein Mensch sein Verhalten zu ändern versucht, kann auch ganz schön unterschiedlich sein.
Das sollten wir im Auge behalten. Für alle unterschiedlichen Verhaltensänderungen, die durch Belohnung entstehen, gilt aber eine Gemeinsamkeit, und die können wir hier zusammenfassen:

Merksatz **M**
Wenn Sie einen Menschen erziehen wollen, schaffen Sie ihm für das erwünschte Verhalten eine angemessene Belohnung und das Verhalten wird (möglicherweise / s. u.) gezeigt werden.

Natürlich ist das noch ziemlich verallgemeinernd und recht ungenau, dennoch können Sie aus dieser Erkenntnis bereits eine grobe Richtlinie für Ihr Verhalten in der Praxis ableiten:

Praxis Tipp
Wenn Sie Verhalten ändern wollen, müssen Sie dafür die angemessene Belohnung finden. Haben Sie diese gefunden, wird das Verhalten in der Regel geändert. Ändert sich das Verhalten nicht, so stimmt in der Regel die Belohnung nicht.

Wir müssen uns das Belohnungsprinzip noch genauer anschauen. Betrachten wir deshalb seine verschiedenen Ausprägungen.

5.1.1 Ändern durch direkte Belohnung

Vielleicht haben Ihnen Ihre Eltern früher jedes Mal, wenn Sie eine gute Note nach Hause gebracht haben, eine Belohnung gegeben. Relativ schnell haben Sie sich infolgedessen regelmäßig auf den Hosenboden gesetzt und gelernt. Hatten Sie erst keine Lust, fleißig Ihre Hausaufgaben zu machen und tapfer für Klassenarbeiten zu lernen, so spekulierten Sie bald immer mehr auf die Belohnung, die eintraf, wenn Sie eine gute Note nach Hause gebracht haben. Die Aussicht auf die Belohnung hat ihr Verhalten ganz schnell geändert.

Das Prinzip, das dahinter steckt, ist einfach. Der Mensch erkennt ganz schnell, dass er für ein bestimmtes Verhalten etwas bekommt, das ihm angenehm ist. Die Wirkung folgt auf dem Fuße: Er zeigt das Verhalten, weil er eben die Belohnung haben will.
Dabei ist es ziemlich unwichtig, ob dem Belohnten das derart geförderte Verhalten sinnvoll oder einleuchtend erscheint, Hauptsache die Belohnung kommt. Die **muss** aber auch kommen. Denn das ist eine Besonderheit: Der ganze Prozess funktioniert nur, wenn die Belohnung zuverlässig dem Verhalten folgt.
Kommt sie nicht, wird auch das Verhalten ganz schnell nicht mehr gezeigt.
Wichtig ist natürlich auch, dass die Belohnung für den Betreffenden wirklich verlockend ist. Nur dann wird das erwünschte Verhalten auch gezeigt. Beschäftigen wir uns doch einmal damit, was für unterschiedliche Formen verlockende Belohnungen annehmen können.

5.1.2 Ändern, indem man es einem Vorbild nachmacht

Beispiel
Bei uns an der Schule gibt es einen „Womanizer" unter den Schülern. Alle Mädchen schwärmen für ihn. Ein unverkennbares Merkmal von ihm ist sein Irokesenschnitt. Das ist nicht gerade ultramodern. Das Interessante (und ein wenig Lächerliche) ist, wie plötzlich immer mehr (schüchterne) Jungs auch den Irokesenschnitt ausprobieren. Kennen Sie das?

Wenn ein Mensch sein Verhalten ändert, kann der Beweggrund darin bestehen, dass er bei einem anderen Menschen ein Verhalten beobachtet, das ihm erfolgreicher zu sein scheint als sein eigenes und er es darum nachahmt.
Warum tut man das? Klar, weil man sich Erfolg verspricht.
Dieser Erfolg ist der direkten Belohnung im vorigen Beispiel ganz ähnlich. Auch hier funktioniert das Ganze nur dann, wenn derjenige, der das Verhalten nachahmt, sich davon etwas verspricht, was ihm wertvoll ist. Im obigen Beispiel übernehmen die Jungs den Irokesenschnitt, weil sie auch den Mädchen imponieren wollen. Wären ihnen die Mädchen egal, würden sie das nicht tun. Das ist der entscheidende Punkt bei jeder Form von Belohnung: Die Belohnung muss den Wünschen des Betreffenden entsprechen. Tut sie das nicht, wird auch das Verhalten nicht gezeigt.

Was ist der große Unterschied zwischen der Verhaltensänderung durch direkte Belohnung und durch Nachahmen eines Vorbildes? Ich denke mal, ein Unterschied liegt darin, dass beim Nachahmen der Impuls viel stärker von demjenigen ausgeht, der die Veränderung vornimmt. Die direkte Belohnung geht zum Beispiel von der Mutter aus, die ihr Kind nicht mehr alle paar Stunden wickeln möchte. Um bei diesem Beispiel zu bleiben, könnte man sich bei der Kategorie der Nachahmung ein Kind vorstellen, das ein schönes Unterhöschen anstelle einer Windel tragen möchte und das aus diesem Grund lernt, auf's Klo zu gehen – nach dem Motto: „Ich will auch so schöne Unterhöschen wie meine Mama tragen, dazu muss ich aber offensichtlich lernen, wie man auf's Klo geht."

Anders ist aber vor allem das Maß, in dem der Betreffende über die Sache nachdenkt. Beim Nachmachen denkt er wesentlich mehr darüber nach als bei der direkten Belohnung. Es dauert länger, bis der Betreffende einen inneren Zusammenhang zwischen dem, was er sich erwünscht, und der Verhaltensweise, die er als besonders wirksam erachtet, herstellt. Damit hat er eine intensivere mentale Arbeit geleistet, um zu seiner Verhaltensänderung zu gelangen.

Das bedeutet zwar zunächst, dass der Vorgang der Verhaltensänderung nicht so schnell in Gang gesetzt wird, wie Verhaltensänderung durch eine direkte Belohnung, das Verhalten wird also nicht so zügig geändert. Hat es sich aber dann einmal geändert, hält es dafür deutlich länger an. Und das gilt selbst dann, wenn der damit erhoffte Erfolg zunächst oder stellenweise ausbleibt.

5.1.3 Ändern durch Verstehen

Im Unterschied zu der Änderung durch Vorbild geht beim Verstehen ein noch tieferer Denkprozess der Verhaltensänderung voraus. Es ist nicht unbedingt wichtig, dass da eine konkrete Person existiert, die man nachmacht, stattdessen wird eine eher abstrakte Idee verfolgt. Dabei spielt man in Gedanken mit einer möglichen Verhaltensänderung und überlegt sich, ob diese im Zusammenhang mit einem erwünschten Zustand erfolgversprechend scheint. Klingt ein bisschen kompliziert? Ist es aber nicht. Ich gebe Ihnen ein Beispiel:

Beispiel

*Nehmen wir an, die kleine Isabel räumt nicht gerne ihre Spielsachen auf. Jetzt könnte man sie direkt belohnen: Sie bekommt einen Schokoriegel, wenn sie ihr Zimmer aufgeräumt hat. Das funktioniert dann, wenn Isabel Schokoriegel mag. Dann sogar ganz schnell. Aber dadurch kapiert sie nicht, dass es ja eigentlich **ihr** Zimmer ist, das sie da aufräumt. Dass sie selbst besser spielen kann, wenn aufgeräumt ist. Wenn sie das jedoch einmal verstanden hat, dann braucht sie keinen Schokoriegel mehr, dann macht sei es von selbst,*
ohne Aufforderung, zuverlässig und dauerhaft.

Isabels Freundin heißt Antonia. Die ist sehr ordentlich und spielt gerne in einem aufgeräumten Zimmer. Jedes Mal, wenn Isabel bei Antonia ist, sieht sie das, genießt das Spielen im aufgeräumten Zimmer und übernimmt allmählich das Verhalten ihrer Freundin.

5.1.4 Unterschiede der Belohnungsmöglichkeiten

Im obigen Beispiel finden wir die drei unterschiedlichen Formen von Belohnung versammelt, die wir weiter oben betrachtet haben. Wahrscheinlich erkennen Sie wie ich, dass die Übergänge zwischen Änderung durch Belohnung, durch Vormachen oder Änderung durch Verstehen fließend sind. Nehmen wir die unordentliche Isabel. Auch wenn sie es auf Anhieb lieber mag, in einem ordentlichen Zimmer zu spielen, schaut sie sich das von Antonia nur ab, weil sie diese Freundin mag, vielleicht sogar bewundert, sie auf jeden Fall als ihr Vorbild akzeptiert. Ein Kind, das sie nicht mag, würde sie nicht nachahmen. Wenn ein schüchterner Junge plötzlich einen Irokesenschnitt trägt, hat er das ganz sicher nicht blind nachgeahmt, sondern vorher darüber nachgedacht, ob er den Erfolg des Mitschülers wirklich auf den Irokesenschnitt zurückführt – oder ob dieses Merkmal des Womanizers vielleicht das Einzige ist, was er zuverlässig nachahmen kann.

Beim Ändern durch direkte Belohnung sieht es ein bisschen anders aus. Hier geschieht Veränderung nur aufgrund der Belohnung und nicht als Ergebnis eines eigenen Nachdenkens.

Allen drei Formen ist gemeinsam, dass der eigentliche Anreiz zur Verhaltensänderung in einer Belohnung liegt. Allerdings findet die Belohnung von Stufe zu Stufe immer tiefer im Inneren des Menschen statt. Allen gemeinsam ist der Gedanke: „Das will ich haben!" – Was da aber jeweils erstrebt wird, hat einen immer persönlicheren Charakter, ist im Inneren immer tiefer zu verorten, benötigt größere Nachdenklichkeit. In der Fachsprache gibt es hierfür ein Fremdwort, das wir im Folgenden benutzen werden, weil es den Sachverhalt schön auf den Punkt bringt – man nennt es intrinsisch. Intrinsisch bedeutet, dass der Grund zur Verhaltensänderung „von innen" kommt. Im Gegensatz dazu nennen wir einen Beweggrund extrinsisch, wenn er nicht aus dem „Inneren des Herzens" kommt, sondern eher oberflächlicher Natur ist. Aus dem Grad der Intrinsität ergeben sich die typischen Unterschiede zwischen den drei Formen der Belohnung, die wir besprochen haben. Im Folgenden zeige ich Ihnen die wichtigsten Unterschiede und erkläre sie auch gleich ein bisschen:

1. Unterschied
Je größer die Entfernung der Belohnung, umso höher muss ihr Wert für den Betreffenden sein bzw. je kürzer die Entfernung zur Belohnung, desto geringer kann ihr Wert für den Betreffenden sein.

Praxis Tipp
Wenn Sie nur kleine Belohnungen zur Verfügung haben, reagieren Sie einfach schneller und Sie erzielen den gleichen Effekt wie mit großen Belohnungen.

Wenn man Ihnen durch Argumente beibringen will, dass es sinnvoll ist, jeden Tag zwei Stunden zu lernen und Ihnen dafür am Ende einer zweijährigen Lernerei insgesamt 500 Euro als Belohnung in Aussicht stellt, dann werden Sie Ihr Verhalten wohl kaum ändern, zumindest nicht dauerhaft. Aber wenn Sie für Ihren innigen Berufswunsch – also intrinsisch motiviert – einen Abschluss an der Fachhochschule anstreben, dann reicht das vielleicht für zwei Jahre Lernen.
Anders sieht es aber aus, wenn man Ihnen für zwei Stunden Lernen 25 Euro in die Hand drückt. Zwei Stunden Lernen für 25 Euro? Das mache ich auch dann, wenn ich den Sinn der Lernerei überhaupt nicht einsehe.
Eine Belohnung kann, wenn sie der einzige Grund für die Verhaltensänderung ist, durchaus recht klein sein. Wichtig ist nur, dass die Belohnung schnell kommt. Lässt die Belohnung auf sich warten, muss sie für den Belohnten schon einen hohen individuellen Stellenwert haben,

damit die Verhaltensänderung vollzogen und aufrechterhalten wird. Sie muss also intrinsisch sein (nicht jeder würde zwei Jahre lang für eine Fachhochschureife lernen, aber möglicherweise zwei Monate lang Diät und Sport machen, um in einen Tommy Hilfiger Bikini zu passen ...)

2. Unterschied
Je entfernter die Belohnung, umso dauerhafter die Verhaltensänderung bzw. je näher die Belohnung, umso kurzlebiger die Verhaltensänderung.

Praxis Tipp
Wenn Sie dauerhafte Verhaltensänderungen wünschen, „zelebrieren" Sie die Belohnung aus einem gewissen zeitlichen Abstand heraus (beispielsweise im gemeinsamen Stuhlkreis der Abschiedsrunde).

Wenn man lernt, weil es Geld gibt und dann plötzlich kein Geld mehr kommt, lässt man die Lernerei ganz schnell wieder. Ein bisschen anders ist es, wenn man Verhalten nachahmt. Wenn man sich einen Irokesenschnitt zulegt, weil man Erfolg bei den Frauen haben will, dann hält sich der Irokesenschnitt schon länger. Wenn man die Fachhochschulreife haben will (oder in einem ordentlichen Zimmer spielen, oder neue Freunde gewinnen), und das wirklich richtig will, dann zieht sich die Dauerhaftigkeit der Verhaltensweise gar über Monate oder Jahre hinweg. Je tiefer der Sinn des Beweggrundes selbst durchdacht wurde, je intrinsischer er also ist, umso beständiger wird das dazu notwendige Verhalten gezeigt.

3. Unterschied
Je näher die Belohnung, umso schneller die Verhaltensänderung bzw. je weiter die Belohnung, umso langsamer die Verhaltensänderung

Praxis Tipp
Wenn Sie schnelle Änderungen wünschen, achten Sie darauf, selbst schnell darauf zu reagieren und „stabilisieren" Sie das Verhalten dann zusätzlich aus einer größeren Zeitdifferenz noch einmal nachhaltig.

Wer für zwei Stunden Lernen 25 Euro in Aussicht hat, setzt sich gleich hin. Wer aber kapiert, dass er jeden Tag mehrere Stunden lernen muss (und das auch noch in Mathe und Englisch), damit er eine Fachhochschulreife bekommt, oder dass er, um Freunde zu finden, auch möglicherweise seine eigene Langeweile ablegen muss, der wird wahrscheinlich nicht sofort sein Verhalten komplett ändern, sondern eher zögerlich an die Sache herangehen.

4. Unterschied
Je weiter die Belohnung entfernt ist, umso höher die Frustrationstoleranz bzw. je näher die Belohnung, umso geringer die Frustrationstoleranz

Praxis Tipp
Wenn Sie eine zeitferne Belohnung erwägen (etwa weil Sie dauerhaftere Verhaltensänderungen bewirken wollen, s. o.), dann müssen Sie die Frustrationstoleranz des entsprechenden Kindes im Auge behalten: Kann das Kind bereits warten?

Wenn jemand lernt, weil er 25 Euro dafür bekommt, dann tut er das, weil er das Geld auch wirklich bekommt. Bekommt er es nicht, dann lässt er es. Wenn jemand lernt, weil er die Fachhochschulreife anstrebt und er merkt irgendwann, dass er das definitiv nicht schafft, dann lässt er die Lernerei auch. Will sagen: In dem Moment, wo der Anreiz, der Beweggrund für das Verhalten wegfällt, verändert sich das Verhalten auch.

Trotzdem gibt es zwischen diesen beiden Beweggründen Unterschiede. Betrachten Sie den Fall, wo jemand sein Verhalten ändert, weil er etwas verstanden hat. Was macht er da eigentlich? Im Grunde wird er sein eigener Trainer und zerlegt sein großes Ziel in viele kleine Einzelziele oder „Belohnungen". Wie so eine Art Perlenkette. Beim Thema Fachhochschulreife ist das beispielsweise das erste Jahr, das zweite Jahr, oder noch kleiner, die einzelnen Noten. Klar, es geht um die Fachhochschulreife, aber die wird „zerlegt".

Und jetzt kommt eine wichtige Besonderheit: Im Unterschied zur Verhaltensänderung durch eine Belohnung ist das gezeigte Verhalten nicht unmittelbar abhängig von der jeweiligen „Belohnung", man gibt nicht gleich auf, sondern man verkraftet Enttäuschungen, man entwickelt die sogenannte Frustrationstoleranz. Wenn Sie mal eine Klassenarbeit verhauen, oder sogar mehrere hintereinander sind Sie viel frustrationstoleranter, wenn Sie selbst verstanden haben, dass es um Ihre Fachhochschulreife geht – und sie lernen weiter. Wenn Sie dagegen nur dann lernen, weil Sie unmittelbar die 25 Euro bekommen, und Sie bekommen ihr Geld ein paar Mal hintereinander nicht, dann brechen Sie ab.

Die letzten beiden Unterschiede dürften sich eigentlich aus dem bereits Gesagten heraus von selbst erklären.

5. Unterschied
Belohnungen wirken umso nachhaltiger, je genauer sie den Sehnsüchten eines Menschen entsprechen. Dann können sie auch erst nach einer längeren Wartezeit eintreten.

Praxis Tipp
Geben Sie sich bei der Wahl Ihrer Belohnung richtig Mühe. Das gilt für materielle wie immaterielle Belohnungen! Nicht der Preis mach den Wert der Belohnung aus, sondern die Passung!

Alles, was wir hier über Belohnungen herausgefunden haben, gilt nicht nur für Kinder und Kindergarten, sondern für jeden Menschen, auch für Erwachsene. Deshalb habe ich Beispiele genommen, die aus Ihrem und meinem Lebensumfeld stammen könnten.

Im zweiten Teil dieses Buches werde ich ausschließlich Beispiele aus dem Kindergartenalltag nehmen. Dort lernen Sie dann auch, wie man diese Erziehungsmittel konkret anwendet. Jetzt wenden wir uns zunächst der nächsten Kategorie von Beweggründen für Verhaltensänderungen zu:

5.2   Strafen als Erziehungsmittel

Im Prinzip könnte man sagen, dass das, was bisher gesagt wurde, auch genau andersherum geht. Zeigt man generell ein Verhalten, weil man sich eine Belohnung erhofft, so kann es auch sein, dass man das Verhalten nur zeigt, weil man Angst vor einer Strafe hat, oder das Verhalten ändert, um eine unangenehme Folge dadurch abzuwenden.

Strafe ist allerdings nicht das genaue Gegenteil von Belohnung. Sie weist vor allem einen deutlichen Unterschied auf, den ich Ihnen gleich an einem Beispiel zeigen will:

Beispiel
Rauchen Sie? Sie wissen, dass das zu Lungenkrebs führen kann? Ändern Sie deshalb Ihr Verhalten? Die Raucher, die ich kenne, tun das nicht.

Ganz im Unterschied zu der Belohnung: Ich kenne Schülerinnen von mir, die durch die Aussicht auf eine Fachhochschulreife ihr Verhalten nachhaltig geändert haben.

Zwischen Belohnung und Strafe liegt ein fundamentaler Unterschied (jetzt genau hingucken!): **Belohnung kann man wollen _oder_ nicht wollen.** Man kann sich aus freiem Willen sowohl für als auch gegen eine Belohnung entscheiden. Bei Strafen geht das nicht: **Strafen kann man _nur_ nicht wollen**, sonst wären es keine Strafen. Das Typische der Strafe ist, dass man sie nicht will.

Und das hat Konsequenzen:

Man kann zu einem Kind nicht sagen: „Du bekommst eine Strafe, wenn Du das erwünschte Verhalten nicht zeigen _willst_", man kann ein Kind durch Androhung einer Strafe nicht dazu bewegen, das neue und „richtige" Verhalten zu _wollen_. Wer als erzieherische Verhaltensweise Strafe benutzt, wird es nicht schaffen, dass ein Kind das neue Verhalten wirklich _will_.

Wenn also die Aussicht auf Strafe Beweggrund für eine Verhaltensänderung ist, dann wird daraus nie eine innerlich gewollte Verhaltensänderung, eine Verhaltensänderung aus Überzeugung – und das ist der Unterschied zur Aussicht auf eine Belohnung.

Das heißt jetzt nicht, dass Strafen generell unwirksamer Mist, gefährlich und daher generell abzulehnen sind (wie das manche pädagogisch interessierte Laien fordern). Es gibt einen Bereich, in dem Strafen als Beweggrund zur Verhaltensänderung fast unschlagbar sind. Ich zeige es Ihnen anhand eines Beispiels:

Beispiel

Das Dumme am Rauchen ist, dass man nie mit absoluter Gewissheit sagen kann, wann man daran stirbt. Stellen Sie sich vor, man könnte das. Nehmen wir an, ein Arzt hätte eine Diagnose entwickelt, mit der er garantiert sagen könnte, dass Sie am Rauchen sterben und jetzt versucht er, Sie davon abzubringen. Er probiert es auf zweierlei Arten aus und Sie entscheiden, welche besser funktioniert, o. k.?

*Mithilfe von Strafe: „Wenn Sie heute nicht mit Rauchen aufhören, sterben Sie nach der nächsten Zigarette sofort, **garantiert!**"*

*Und jetzt mithilfe von Belohnung „Wenn Sie heute mit Rauchen aufhören, kriegen Sie morgen 50.000 Euro, **garantiert!**"*

Was wirkt bei Ihnen besser? Auf jeden Fall hat die Androhung einer Strafe ganz schön Kraft, nicht wahr?

Zwei Dinge sind es, die die Strafe so wirksam machen. Das Erste ist ihr unmittelbares Eintreten. Ich demonstriere es wieder am Beispiel – welche Strafe wirkt besser?

Beispiel

*Arzt: „Wenn Sie heute nicht mit Rauchen aufhören, sterben Sie **in 40 Jahren**, garantiert!" oder*
*Arzt: „Wenn Sie heute nicht mit Rauchen aufhören, sterben Sie ganz sicher **heute abend**, garantiert!"*

Damit Strafe überhaupt wirken kann, muss sie möglichst unmittelbar auf das unerwünschte Verhalten erfolgen. Je unmittelbarer, umso wirksamer. Das ist ein absolut wichtiges Merkmal von Strafe in der Erziehung:

Merksatz

Strafe wirkt nur, wenn sie unmittelbar auf das unerwünschte Verhalten folgt.

Praxis Tipp

Das Wirksame an einer Strafe ist nicht unbedingt ihre Schwere, sondern vor allem die Eigenschaft ihrer schnellen Folge auf das unerwünschte Verhalten.
Reagieren Sie nach Möglichkeit blitzschnell!

Das zweite Merkmal, das Strafe in der Erziehung wirksam macht, ist, dass sie garantiert eintreten muss. Wenn eine Strafe angedroht ist, **muss** sie erfolgen, ansonsten wird (zumindest beim nächsten Mal) die Strafe ihre Kraft komplett eingebüsst haben. Wer Strafen verhängt, die er nicht vollstreckt, macht sich lächerlich. Die Strafandrohung dieses Arztes funktioniert nur, wenn er so glaubwürdig ist, dass Sie ihm seine Garantie abnehmen. Ist die Strafe nicht garantiert, ist sie nicht absolut sicher, verliert sie immens an Wirkung. Strafandrohungen, die in sich bereits unwahrscheinlich sind, besitzen keine Wirkung.
Ich formuliere dieses Merkmal in zweifacher Form, weil beide Formen für die Erziehung wichtig sind:

Merksatz

Strafen müssen so formuliert sein, dass man sie garantiert vollstrecken kann. 100 Prozent Strafgarantie!

Praxis Tipp

Bevor Sie eine Strafe erteilen, müssen Sie abchecken, ob diese Strafe realisierbar ist. Dies gilt natürlich auch bereits für die verbale Strafandrohung.

Merksatz

Wer Strafen androht, die er nicht vollstrecken kann, macht sich lächerlich und verliert an Autorität.

Praxis Tipp

Lieber „leichte" Strafen verordnen, die man „vollstrecken" kann, als „schwere" Strafen, die nicht durchführbar sind.

5.3   Gewöhnung als Erziehungsmittel

Haben Sie schon mal eine Ameisenstrasse gesehen? Wenn Sie ein Steinchen auf die Strasse legen, werden die Ameisen drum herum wandern. Selbst wenn sie das Steinchen wieder wegnehmen, werden die Ameisen eine ganze Weile noch den Umweg gehen, obwohl das Hindernis gar nicht mehr da ist. Die Ameisen haben sich an etwas gewöhnt. Die Ameisen machen das, weil sie es immer schon so gemacht haben. Und natürlich hinterfragen sie den Sinn dessen, was sie tun, nicht.

Menschen sind da gar nicht so unähnlich. Viele unserer Verhaltensweisen zeigen wir nur deshalb, weil wir „das immer so gemacht haben". Wir haben uns daran gewöhnt, etwas auf eine bestimmte Art tun. Die einen tun zuerst den Zucker rein, und dann den Kaffee, die anderen umgekehrt. Beobachten Sie mal, wie ritualisiert Sie sich meistens verhalten. Wie wir von Gewohnheiten umgeben sind.

Bei Kindern ist diese Art, Verhalten zu erwerben, ganz besonders verbreitet. Das Verhalten wird erworben, ohne dass sie groß darüber nachdenken, warum sie das eigentlich machen. Noch nicht mal eine direkte Belohnung brauchen sie dafür. Sie machen das einfach so, weil es ihnen vorgelebt wird. Sie hinterfragen nicht.

Gewöhnung ist deshalb ein eigenständiges Erziehungsmittel, weil das Verhalten geändert wird, ohne dass man jemals in irgendeiner Weise darüber nachdenkt – man tut es einfach nur. Und das ist das Besondere, denn darin steckt natürlich auch eine Gefahr (vor allem bei Kindern): Alles, was einigermaßen regelmäßig geschieht, wird eben tatsächlich unreflektiert übernommen. Wenn Sie sich ordinär verhalten (was auch immer das genau heißen will), wird sich Ihr Kind auch so verhalten. Und es wird sich niemals Gedanken darüber machen, warum es sich so verhält. Wenn Sie sich gewählt ausdrücken, wird Ihr Kind sich gewählt ausdrücken, ohne dass sie jemals in irgendeiner Weise gezielt an der Aussprache Ihres Kindes „herumerzogen" hätten. Das Kind wird sich auch nicht „absichtlich" gewählt ausdrücken, sondern es tut das unreflektiert.

Gewöhnung geschieht unüberlegt und „einfach so". Wenn man dieses Phänomen als Erziehungsmittel nutzen will, ist das natürlich ein immenser Vorteil: Sie müssen überhaupt nichts Besonderes tun, denn Gewöhnung geschieht von selbst. Und deshalb ist diese erzieherische Verhaltensweise gerade dann besonders reizvoll, wenn Sie das, woran Sie das Kind gewöhnen wollen, sowieso bereits tun.

Also nehmen wir an, Sie drücken sich selbst sehr gewählt und vielseitig aus (vielleicht weil Sie besonders viel lesen), dann müssen Sie überhaupt keinen Aufwand betreiben, um dem Ihnen anvertrauten Kind eine gewählte Sprache zu vermitteln, das geschieht von selbst. Wenn Sie sich aber selbst anstrengen müssen, um sich gewählt auszudrücken, kann diese Form der Erziehung natürlich unheimlich kräfteraubend sein.

Die eigentliche Arbeit, die man als Pädagogin verrichten muss, wenn man dieses Erziehungsmittel wählt, besteht also vor allem darin, sich selbst zu analysieren, herauszubekommen, was man denn eigentlich für Inhalte transportiert, an die die Kinder sich gewöhnen könnten. Und das kann auch bedeuten, genau hinzuschauen, was man als Einrichtung für Inhalte transportiert, wie die „Aura" der Einrichtung ist. Denn an die werden sich die Kinder gewöhnen. Die „Aura", die Atmosphäre wird die Kinder verändern.

Was wäre, wenn das, was Sie „absichtlich" erziehen, in eine ganz andere Richtung ginge, als das, woran sich die Kinder gewöhnen? Hier haben wir wieder unser Tauziehen: viel Kraft investiert, kein greifbares Ergebnis erzielt. Deshalb müssen Sie analysieren, was geschieht und woran sich die Kinder gewöhnen.

Überlegen Sie sich: „Was bin ich für jemand?" „Wie wirkt meine Einrichtung?" „Welche Aura strahle ich, meine Kolleginnen, meine Einrichtung usw. aus?" „Welche Atmosphäre herrscht in meiner Gruppe?" usw. Wenn das alles so ist, wie die Richtung, in die Sie sowieso erziehen wollen, dann können Sie sich eine enorme Menge an absichtlicher erzieherischer Arbeit sparen. Das Ganze wirkt nämlich aus sich selbst heraus. Und Sie haben dabei keine spürbare Arbeit verrichtet. Sie erziehen durch das, wie sie sind, wie Ihre Einrichtung ist, und das hat eine gewaltige, umfangreiche Wirkung.

Also setzen Sie sich bitte hin und überlegen Sie, wie Sie „sind", wie Ihre Einrichtung „ist".

Merken wir uns für die Erziehung:

M

Gewöhnung wirkt immer unreflektiert und geschieht eigentlich mühelos. Weder die Kinder noch Sie selbst überlegen, woran man sich gewöhnt. Man gewöhnt sich an das, was ist. Wenn das, was ist, „falsch" ist, geschieht jede Menge Erziehung ebenfalls in die „falsche" Richtung. Es kommt also darauf an, zu wissen, welche Gewöhnung stattfindet.

TIPP

Praxis Tipp

Sie können sich extrem viel Arbeit sparen, wenn Sie das, was in Ihrem praktischen Alltag „einfach so" geschieht, daraufhin überprüfen, ob es mit Ihren absichtlichen Erziehungszielen übereinstimmt. Ändern Sie lieber das, „was immer geschieht", denn daran gewöhnen sich die Kinder ohne weiteres Zutun, anstatt sich jede Menge Erziehungsmittel auszudenken, mit denen Sie mühsam gegen schlechte Angewohnheiten ansteuern.

5.4   Kontingenz als Erziehungsmittel

Dass eine Strafe garantiert eintreten muss, damit ihre Wirkung verfügbar ist, ist klar. Diese „Garantie" gilt aber nicht nur für Strafe, sondern auch für Belohnung – und es gilt in gewissem Sinne auch für Gewöhnung. Egal ob jemand sein Verhalten ändern soll, weil er dafür eine – wie weit auch immer entfernte – Belohnung oder eine – wie bald auch immer angedrohte – Strafe bekommt, oder ob er konsequent an ein bestimmtes Verhalten gewöhnt werden soll: All das funktioniert nur dann, wenn die Konsequenz (Belohnung/Strafe) bzw. das, woran gewöhnt werden soll, auch **garantiert** eintritt. Wenn es einmal geschieht und beim anderen mal nicht, verlieren die Situationen ganz schnell ihre erzieherische Kraft. Das Fremdwort hierfür lautet: (psychologische) Kontingenz. Das bedeutet, dass Strafe, Belohnung und Gewöhnung nur dann funktionieren, wenn sie auch garantiert geschehen. Sind sie nicht kontingent, verpufft ihre Wirkung.

Würde die Hälfte der Raucher tatsächlich morgen sterben – aber es wäre eben nur die Hälfte der Raucher – dann wäre die Situation nicht kontingent, und die Wirkung dieser „Strafe" verpufft dramatisch. Sie würden nämlich wahrscheinlich denken „Na ja, das Risiko gehe ich ein, ich rauche jetzt eine." Aber es stirbt ja eh nicht mal die Hälfte der Raucher morgen, sondern immer wieder bloß einer, den man nicht kennt, irgendwo. Auf der anderen Seite gibt es alte Leute, die rauchen glücklich ihr Leben lang usw. Das Rauchen und die Strafe dafür sind nicht kontingent und deshalb können Sie Strafandrohungen zur Verhaltensveränderung bei Rauchern auch völlig vergessen.

Dasselbe gilt aber auch für Belohnung. Unabhängig davon, wie intensiv Sie über die Belohnung nachgedacht haben, wie intrinsisch sie also motiviert ist: Tritt die Belohnung nicht ein, zeigen Sie auch das Verhalten nicht mehr. Wenn Sie zwei Jahre lang wie blöd lernen und dann die Fachhochschulreife (also die Belohnung) nicht bekommen, dann werden Sie ein weiteres Mal kaum mehr Lust haben, so eine Lernerei hinzulegen.
Wenn Isabel fleißig und in Hoffnung auf einen Schokoriegel aufräumt und sie bekommt ihn am Schluss nicht, dann wird sie sich gründlich überlegen, ob sie noch mal aufgrund so einer Versprechung aufräumen wird.
Dasselbe gilt auch für die Gewöhnung. Wenn Sie die Kinder in Ihrer Einrichtung an eine bestimmte Atmosphäre und damit verbunden ein entsprechendes Verhalten gewöhnen möchten, diese Atmosphäre aber nur zufällig oder unregelmäßig vorherrscht, können Sie ein Kind nicht daran gewöhnen.

Sie finden das offensichtlich und logisch?

Ich habe eher den Eindruck, als ob Kontingenz als Voraussetzung für Belohnung und Strafe oder Gewöhnung in der professionellen Pädagogik manchmal katastrophal schlecht gehandhabt wird. Das sieht man da nur nicht so deutlich, wie gerade in den Beispielen. Ich zeig's Ihnen gleich an einem etwas versteckteren Beispiel von einem Verhalten, das – genau so und auf andere Situationen übertragen – sehr häufig vorkommt:

Beispiel

Laura malt ein Bild und bringt es der Pädagogin. Es ist unfertig, schlampig und lieblos gemalt. Die Pädagogin sagt: „Ooooch, super hast du das gemalt!"

Bianca malt auch ein Bild und bringt es der Pädagogin. Es ist liebevoll, aufmerksam und kreativ gemalt. Die Pädagogin kommentiert: „Oooooch, super hast du das gemalt!"

Aufgabe **A**

Was genau ist daran nicht kontingent?

Wenn Sie über dieses Beispiel länger nachdenken, werden Sie sehen, wie häufig es (in abgewandelter Form) im Alltag tatsächlich vorkommt und Sie werden sehen, wie groß die Bedeutung mangelnder Kontingenz in der Erziehung ist.

Kontingenz ist wie der Härter in einem Zweikomponentenkleber: Ist er nicht dabei, wird der Kleber nicht hart. Ist ein Erziehungsmittel nicht kontingent, so benötigt es zwar möglicherweise viel Kraft bei der Durchsetzung, hat aber meist keinerlei Effekt. Das ist der Grund, warum ich Kontingenz ganz oben als eine Art „Kategorie" der Erziehungsmittel gesetzt habe: Sie ist so wichtig, wie ein Erziehungsmittel selbst und gehört bei jedem Erziehungsmittel dazu. Und sie wird allzu häufig völlig vernachlässigt. Ich glaube, dass ein Merkmal guter Pädagogen ihre Kontingenz ist. Es schadet nie, sein erzieherisches Verhalten auf Kontingenz hin zu überprüfen.

Merken wir uns für die Erziehung:

Sind Strafen, Belohnungen oder Gewöhnung nicht kontingent, verlieren sie als Erziehungsmittel ihre Wirkung. **M**

Praxis Tipp

Darüber nachzudenken, ob das, was ich tue kontingent ist, ist viel effektiver als darüber nachzudenken, ob ich das richtige Erziehungsmittel gewählt habe.

TIPP

5.5 Verhaltensänderungen systemisch betrachten

Nun habe ich Ihnen drei große Gruppen von Erziehungsmitteln aufgezeigt. Die erste war die Gruppe der Belohnungen, deren Unterschied sich durch die Intrinsität der Belohnung ergibt. Die zweite war die Gruppe der Strafen, deren Besonderheit darin liegt, dass sie nie zu einer bestimmten Verhaltensweise motiviert, sondern immer nur von einer bestimmten Verhaltensweise abschreckt. Und die Gruppe der Gewöhnungen, deren Besonderheit darin liegt, dass man die Verhaltensweise übernimmt, ohne sie zu wollen oder überhaupt darüber nachzudenken.

Abgesehen von biologischen oder psychopharmakologischen Möglichkeiten zur Verhaltensänderung (also beispielsweise Reifung oder psychisch wirksamen Medikamenten oder

Drogen) gibt es keine weiteren Beweggründe, die Menschen zu Verhaltensänderungen bringen könnten.

Wenn Sie erziehen, liefern Sie Beweggründe zur Verhaltensänderung. Das bedeutet konkret, dass alle Erziehungsmittel auf eine dieser drei grundsätzlichen Möglichkeiten abzielt. Entweder stellen Sie extrinsisch oder intrinsisch wirksame Belohnungen bereit, oder sie schrecken mithilfe von Strafen vor einem Verhalten ab, oder Sie gewöhnen an ein bestimmtes Verhalten. Wir werden im zweiten Teil dieses Buches diese Möglichkeiten genau untersuchen. An dieser Stelle geht es mir letztlich nur noch um eine wichtige Erkenntnis:
Die Beweggründe zur Verhaltensänderungen liegen meist nicht eindeutig in einer Kategorie, sondern mischen sich. Man ändert sich nicht nur, weil man eine Belohnung erwartet, sondern weil man vielleicht auch Angst vor einer möglichen Strafe hat. Man ändert sich nicht nur, weil man sich an etwas gewöhnt, sondern auch, weil es schön ist, sich an etwas zu gewöhnen, dadurch etwas Vertrautes zu gewinnen, denn Vertrautheit kann an sich schon eine Belohnung sein. Man lernt nicht nur, weil man 25 Euro bekommt, sondern vielleicht in einem Bereich seines Denkens versteht, dass Lernen grundsätzlich sinnvoll ist. Man ahmt nicht nur blind nach, sondern überlegt sich etwas dabei. Man ändert nicht nur aufgrund weiser Einsichten sein Leben, sondern erwartet sich konkrete und materielle Belohnungen. Die meisten Änderungen von Verhaltensweisen geschehen nicht aufgrund eines einzelnen Motivs oder mithilfe eines einzelnen Erziehungsmittels, sondern fast immer durch eine Art Mischung verschiedener Erziehungsmittel.
Weiter oben haben wir die Erziehungsmittel kategorisiert betrachtet. Das ist vor dem Hintergrund des eben Gesagten eigentlich verkehrt: Die Erziehungsmittel hängen zusammen, sie ergänzen sich, sie kommen in Kombinationen daher.

Erziehungsmittel werden meist auch nicht nur von einer Person eingesetzt, die gezielte oder unabsichtliche erzieherische Verhaltensweisen ausübt. Sie werden auch von anderen Menschen eingesetzt, die unter Umständen ganz andere Ziele verfolgen.
Wenn Sie erzieherische Verhaltensweisen benutzen, um ein Kind zu ändern, dann merken Sie sich, dass Sie nur einen Einfluss von vielen darstellen. Wenn Sie mit Ihrer Erziehung also keinen Erfolg haben, kann es möglicherweise daran liegen, dass Sie die unpassende erzieherische Verhaltensweise benutzen, aber es kann genauso gut auch daran liegen, dass die anderen Einflüsse, die auf das Kind einwirken, Ihre Bemühungen gewissermaßen neutralisieren. Diese verschiedenen Einflussfaktoren müssen aber nicht unbedingt negative Auswirkung haben, es ist nur für Sie wichtig zu wissen, dass Ihre erzieherische Arbeit schwerer wird, wenn Sie gegen entgegengesetzt wirkende Einflussfaktoren ankämpfen müssen. Dann kann es vielleicht sinnvoll sein, diese Einflussfaktoren zu verändern, vielleicht muss man aber auch die eigenen Erziehungspläne ändern. Am besten ist es natürlich, wenn es gelingt, alle verschiedenen Einflüsse vor den eigenen erzieherischen Karren zu spannen und sich ihre Wirkung zunutze zu machen.

Weil Erziehungsmittel meistens erst in der Kombination mit anderen Erziehungsmitteln wirken, ist es sinnvoll und hilfreich, häufig die unterschiedlichen auf die Erziehung eines Kindes wirkenden Kräfte zu untersuchen. Auf diese Weise kann man seine eigenen Erziehungsmittel gezielter einsetzen.

Vor allem aber ist es gut, sich selbst Gedanken über mögliche und sinnvolle Kombinationen verschiedener Erziehungsmittel zu machen.

Nachher, im praktischen Teil, werden wir verschiedene Kombinationsmöglichkeiten kennen lernen und deren Wirkungsweise zumindest beispielhaft durchspielen.

6 Raum für Veränderungen gewähren

Wenn Sie erziehen, also die Verhaltensweisen des Kindes dauerhaft ändern, bedeutet das, dass (wenn Sie es richtig machen) auch tatsächlich eine Verhaltensänderung zu erwarten ist. Das ist erwünscht und gut. Häufig wird dabei aber übersehen, dass die Verhaltensänderung des Kindes auch einen neuen Raum benötigt. Diesen Sachverhalt werden wir in diesem Kapitel etwas genauer betrachten.

Beginnen wir mit ein paar Beispielen :

Beispiel
Nehmen wir an, Sie haben in Ihrem Kindergarten ein paar Raufbolde, die jeden Konflikt immer gleich in Form von Ringkämpfen austragen. Nehmen wir an, Sie versuchen jetzt, bei einem – vielleicht beim brutalsten Kind – diese Verhaltensweise abzumildern. Und stellen Sie sich vor, es gelingt sogar! Was geschieht aber, wenn dieses Kind nun tatsächlich versucht, gewaltfrei Konflikte zu lösen, aber die anderen Kinder haben das noch nicht gelernt? Die lösen ihre Konflikte immer noch durch Raufereien. Der Ex-Rabauke kann seine neue Strategie nicht erfolgreich ausüben – er hat keinen Raum zur Verhaltensänderung – und fällt wieder in die alte Verhaltensweise zurück. Die Verhaltensänderung findet also nicht dauerhaft statt, obwohl Sie richtig erzogen haben!

Beispiel
Nehmen wir an, Sie wollen, dass ein Kind höflich darum bittet, neuen Apfelsaft zu bekommen, also nicht „Ich hab leer!!", sondern „Könnte ich bitte noch etwas Apfelsaft bekommen?" – und das auch noch in gesitteter Lautstärke. Dann muss gewährleistet sein, dass dieses Kind im allgemeinen Lärm auch wirklich gehört wird. Dann müssen Sie auf seine höfliche Bitte auch wirklich reagieren. Wenn das Kind sich nur mit einem gebrüllten „Ich hab leer!!" neuen Apfelsaft verschaffen kann, kann es die neue Verhaltensweise nicht erlernen, einfach weil kein Raum dazu besteht.

Beispiel
Die kleine Ella ist schüchtern und traut sich nichts. Die Eltern sprechen mit Ihnen darüber und hoffen dass Sie erzieherisch wirksam werden. Dann müssen Sie (und die Eltern) Ella aber auch die Möglichkeit geben, sich etwas zu trauen. Man kann nicht wollen, dass jemand mutig allein zur hundert Meter entfernten Schaukel rennt, wenn man das Kind ständig bewachen und beschützen will – man muss es „gehen lassen", ihm Raum geben.

Beispiel
Aber auch anders: Es kann genauso geschehen, dass Raum eigentlich nur der notwendige Zeit-Raum ist, den ein Kind braucht, um sich etwas zu trauen. Das braucht manchmal ein bisschen länger, als wir Erwachsenen das denken. Das Kind ist schon fast bei seinem Entschluss „Ich mach's" und genau dann fällt das ungeduldige "Jetzt mach doch endlich!" – und alles ist zerstört.

Beispiel
Oder bei Ihnen selbst:
Nehmen wir an, Sie wollen tatsächlich für die Fachhochschulreife viel lernen und arbeiten. Und das bedeutet, dass Sie dann halt eben an Ihrem Schreibtisch sitzen. Wenn dann Ihre Eltern nörgeln und sagen: „Du bist ein richtiger Stubenhocker geworden, geh doch mal raus und amüsier dich!", dann geben sie Ihnen keinen Raum zur Veränderung.

Ich habe deshalb so verschiedene Beispiele gewählt, um zu demonstrieren, wie unterschiedlich das Prinzip „Raum geben" aussehen kann. Wer Verhalten bei anderen Menschen ändern will, muss gleichzeitig dafür die Gewähr leisten, dass dieses Verhalten auch erwünscht und möglich ist – dass es Raum bekommt.

6.1 Raum geben bedeutet, sich selbst zu öffnen

Nehmen wir an, Sie wollen dass Tommy seine Bastelarbeiten und Bilder nicht lieblos dahinschludert sondern aufmerksam und detailliert gestaltet. Raum geben bedeutet in diesem Fall, dass Sie Bilder, die lieblos gemalt sind, nicht mit der gleichen Reaktion bedenken wie die schönen Bilder. Dadurch, dass Sie in Zukunft zum Beispiel Ihre Komplimente sorgfältiger abwägen, schaffen Sie gewissermaßen einen „Extraraum" für besonders schön gemalte Bilder. Hier sind es Worte, die Raum schaffen, oder nehmen.

Nehmen wir an, Sie wollen, dass die Kinder etwas weniger ordinär sprechen, sondern sich gewählter ausdrücken, dann müssen Sie selbst es zutiefst willkommen heißen, wenn die Kinder das dann auch tun. Es muss also in Ihnen ein innerer „Raum" vorhanden sein, in dem Sie die gewählte Ausdrucksweise gutheißen – und wenn es diesen Raum in Ihnen noch nicht gibt, ist es nötig, zuerst an Ihrer eigenen Wertschätzung von gewählter Sprache zu arbeiten, bevor Sie die Kinder dahin erziehen wollen.

Nehmen wir an, Sie haben durch die Lektüre des zweiten Kapitels dieses Buches erkannt, dass die Kinder Ihrer Einrichtung nach zu oberflächlichen moralischen Prinzipien handeln und Sie wollen das verändern. Dann bedeutet „Raum geben", dass Sie den Kindern tatsächlich eigene moralischen Entscheidungen ermöglichen, dass Sie ihnen die Freiheit einräumen, selbst anspruchsvoll zu entscheiden.

Sie sehen, Raum geben kann viele unterschiedliche Formen annehmen. Und es beginnt bei Ihnen! Sie müssen Freiheit zur Veränderung ein"räumen".

Praxis Tipp
Die Fähigkeit, sich selbst zu ändern, nimmt nach Ansicht der Wissenschaft im Erwachsenenalter im stärker ab. Also: Beginnen Sie am besten bereits jetzt, während Ihrer Ausbildung damit! Üben Sie sich generell in der Fähigkeit, sich zu ändern und sorgen so nicht nur für notwendigen Freiraum für die Kinder, sondern auch für sich selbst!

TIPP

6.2   Raum geben bedeutet, sich als Team zu öffnen

Aber nicht nur das. Wenn Sie Verhaltensänderungen durch Erziehung erreichen wollen, kann das genauso gut auch die Veränderung der Einstellung innerhalb Ihrer Einrichtung bedeuten. Nehmen wir an, Sie haben Ihre Bilderbücher bisher im Büro gelagert und immer nur ein paar Bilderbücher turnusmäßig in die Leseecke gestellt. Sie haben das gut begründet: „Auf diese Weise kommt immer wieder etwas Neues für die Kinder!", oder „So werden die Bilderbücher geschont."

Nehmen wir an, Sie beschließen, durch Ihre Erziehungsarbeit Literacy-Erfahrungen möglich zu machen. Das kann bedeuten, dass Sie die alten Argumente über den Haufen werfen und stattdessen eine andere Einstellung zu Bilderbüchern und deren Gebrauch einnehmen. Schriften müssen geliebt werden, Buchstaben müssen gefeiert werden. Die Pädagoginnen selbst müssen zu Leseratten werden, um die Leidenschaft des Lesens auf die Kinder zu übertragen. Das bedeutet viel: Es bedeutet die Veränderung der Einstellung eines ganzen Teams.

Es bedeutet aber auch generell, dass Sie als Team sich regelmäßig hinterfragen sollten, dass Sie ganz genau prüfen sollten, ob die Verhaltensänderungen, die Sie bei den Kindern anstreben, auch wirklich möglich sind, ob Sie als Team den Kindern den Raum für diese Änderungen zur Verfügung stellen.

TIPP

Praxis Tipp
Stellen Sie sich während Ihrer Teamsitzung regelmäßig die Frage: Geben wir unseren Kindern in allen Bereichen den Raum, den wir ihnen geben möchten? Trauen Sie sich und halten das bitte für keine aufgesetzte Übung. Sie werden sehen, auch unnatürlich wirkende Fragestellungen lösen Änderungsprozesse aus.

6.3   Raum geben bedeutet, den tatsächlichen Raum zu öffnen

Und natürlich bedeutet Raum zu geben, auch tatsächlich räumliche Veränderungen. Wenn Sie wollen, dass die Kinder feinmotorische Fertigkeiten anhand „echter" Tätigkeiten erwerben, so könnten Sie dies beispielsweise dadurch tun (wie das viele Kindergärten machen), dass Sie mit den Kindern Gegenstände aus Holz bauen.

Wie aber sollen die Kinder ein Holzstück sauber und befriedigend durchsägen, wenn sie dazu keine gute Säge haben? Eine scharfe Säge! Nichts aus dem Spielzeugladen, nein, etwas aus dem Eisenwarenhandel. Die gute Säge ist der „neue Raum". Wie sollen die Kinder an einer Hobelbank arbeiten können, wenn diese in einem eiskalten, unbeheizten Raum steht? Die warme Werkstatt ist der neue Raum. Wie sollen die Kinder befriedigende Gegenstände bauen können, wenn das entsprechende Ausgangsmaterial unbefriedigend ist? Das appetitliche Holz ist der neue Raum.

Wenn Sie beschließen, dass die Kinder über verbesserte grobmotorische Fertigkeiten verfügen sollen, müssen Sie den Kindern auch Gelegenheit – Raum – geben, diese zu erwerben. Das könnte zum Beispiel bedeuten, dass Sie mit den Kindern zusammen in den Wald gehen, auch wenn das für Sie anstrengender ist, als sich auf das Außengelände des Kindergartens zu verlassen. Der Wald als neuer Raum.

Praxis Tipp
Auch hier gilt, dass ein regelmäßiges kritisches Hinterfragen des eigenen Tuns viel bewirken kann. Wenn man es sich nicht vornimmt, das regelmäßig zu hinterfragen, macht man es nämlich nicht. Fragen Sie (Ihr Team) sich also regelmäßig: Bieten die tatsächlichen Räume, die wir den Kindern anbieten, diesen die notwendigen Materialien und Spielräume?

6.4 Was bedeutet Raum geben?

Wenn die Erziehungsmittel, die Sie auf ein Kind ausüben, zu keinem Erfolg führen, muss das nicht unbedingt daran liegen, dass Sie die falschen Erziehungsmittel anwenden. Es kann genauso gut auch daran liegen, dass die Veränderungen nicht möglich sind, weil der Raum dazu fehlt. Stellen Sie sich ein riesiges Frachtschiff vor, das in einem engen Kanal liegt. Wenn Sie das Ruder auf hart Steuerbord legen und volle Kraft voraus befehlen, wird das Schiff dennoch keinen Kurswechsel vollziehen, sondern nur am Rand des Kanals entlangkratzen und Schaden nehmen. Ihm fehlt der Raum für die Richtungsänderung. Auch wenn Sie mit noch so viel Motorkraft dagegen „anwummern", der Kurs ändert sich nicht.

Wenn der Raum fehlt, können Sie mit noch so viel Energie versuchen, die Kinder zu verändern – durch die widerstreitenden Kräfte, die auf sie einwirken, werden die Kinder lediglich innerlichen Schaden daran nehmen.
Überprüfen Sie immer, ob Raum zur Veränderung besteht!

Merksatz
Raum geben bedeutet, dass Sie auf allen Ebenen, die betroffen sind, den Kindern den Freiraum zur erwünschten Veränderung bereitstellen.

Raum zu geben, kann ganz schön anstrengend und aufwendig sein. Manchmal zu aufwendig, manchmal zu anstrengend, einfach nicht leistbar. Was bedeutet das aber für die Erziehung? Konsequenterweise bedeutet es, dass Sie diejenigen Erziehungsmittel unterlassen, denen der notwendige Raum nicht bereitgestellt werden kann. Oder eben, dass Sie vor der eigentlichen Erziehungsarbeit erst den notwendigen Raum schaffen, bei sich selbst, in Ihrem Team, in Ihrer Einrichtung, vielleicht sogar in Ihrer Umgebung.

Wenn Sie nicht bereit sind, sich in eine bestimmte Richtung zu verändern, brauchen Sie auch keine Erziehungsmittel in diese Richtung anzu wenden. Wenn Sie Literacy-Erfarungen beim Kind anregen möchten, aber selbst nicht bereit sind, Begeisterung für Bücher und Lesen zu entwickeln, wird Ihre Erziehung in diese Richtung bestenfalls gedämpft verlaufen. Der Raum

heißt ja für das Kind nicht nur „Es sind genügend Bücher da!", sondern auch „Meine Erzieherin, die Frau Meier, ist mein Idol, und die liebt Bücher, also will ich auch Bücher lesen!"
Wenn Sie in Ihrem erzieherischen Konzept eine gezielte und gesteigerte Förderung der grobmotorischen Fähigkeiten der Kinder anstreben, aber keinen Wald neben Ihrer Einrichtung haben, dann müssen Sie entweder einen anderen Raum schaffen oder eine andere erzieherische
Zielsetzung ins Auge fassen.

Wenn Sie wollen, dass die Kinder gewählte Umgangsformen erwerben, Ihre Einrichtung liegt
aber mitten im „Milieu", dann sollten Sie vielleicht erst einmal den Raum schaffen, bevor Sie
die notwendigen Maßnahmen ergreifen. Das kann bedeuten, dass Sie „nach außen" gehen
und dort Änderungen anpacken. Wenn Kinder mit Migrationshintergrund Schwierigkeiten
mit ihrer Zielsprache Deutsch haben und Ihre Fördermaßnahmen fruchten nur wenig, dann
kann das daran liegen, dass die Eltern dieser Kinder mit dieser Zielsprache vielleicht ihre liebe
Not haben oder sie vielleicht sogar ablehnen. Raum heißt ja nicht nur: „Im Kindergarten lerne
ich Deutsch und das nehme ich so hin", sondern auch „Meine Eltern finden das richtig toll,
wie gut ich schon Deutsch kann, darum will ich das noch besser lernen." Und so beginnt die
Erziehung der Kinder möglicherweise bei deren Eltern.
Wenn Sie erziehen wollen, schaffen Sie erst den dafür notwendigen Raum und dann erziehen Sie.

7 Zusammenfassung des theoretischen Teils

Wenn man viel gedacht hat, viel dazu gelernt hat, fühlt man sich manchmal einfach aufgrund der Fülle des Neuen innerlich schon richtig „voll". Man weiß aber gar nicht, ob man das Neue nur angesammelt oder auch schon verstanden hat. Dieses Kapitel soll Ihnen dabei helfen, herauszufinden, wie viel von dem, was Sie gelernt haben, auch schon verstanden wurde.

Es ist Zeit, alles bisher Geschriebene zusammenzufassen, innerlich zu bündeln. Und so wird es laufen: Ich stelle Ihnen im Folgenden zu den bisherigen Kapiteln Fragen und Sie versuchen nach besten Kräften eine geeignete Antwort zu formulieren. Schriftlich geht das immer am besten und am meisten Respekt hat man vor der eigenen Antwort, wenn man direkt in das Buch hineinschreibt. Da es aber vielleicht gar nicht Ihnen gehört, schlage ich Ihnen Folgendes vor: Fertigen Sie für jede Antwort eine Karteikarte an, am besten in A6. Überlegen Sie sich vorher gut, vielleicht mit Hilfe von Konzeptpapier, was Sie schreiben wollen und wie Sie das am besten formulieren.

Die Fragen sind so gestellt, dass Sie ihren Schwerpunkt zwar in einzelnen Kapiteln haben, dennoch aber nur beantwortbar sind, wenn Sie alle bisherigen Kapitel aufmerksam durchgearbeitet haben.

Das Ganze ist also so etwas ähnliches wie eine unangekündigte Klassenarbeit – nur ohne Benotung.

Wenn Sie damit fertig sind, schauen Sie sich als nächstes an, wie ich selbst die jeweilige Frage beantwortet habe. Schauen Sie **nicht** vor Ihrer eigenen Beantwortung meinen Lösungsvorschlag an – damit haben Sie nichts gewonnen. Ich formuliere höchstwahrscheinlich anders als Sie, lassen Sie sich davon nicht abschrecken und vergleichen Sie die **Inhalte**. Das, was Sie sinngemäß nicht aufgeschrieben haben, sollten Sie in dem jeweiligen Kapitel nochmals durcharbeiten. Es hat keinen Zweck, den praktischen Teil dieses Buches ohne die entsprechend umfangreiche theoretische Vorkenntnis zu lesen.

Ich nehme an, dass Sie mit diesen Fragen eine ganze Weile (wohl mehrere Stunden)

beschäftigt sind. Ich habe mir nämlich Mühe gegeben, schwere Fragen zu finden. Manche bedürfen einer ausführlicheren, manche nur einer knappen Antwort. Diese Strenge mute ich Ihnen zu, weil Erziehung die Kernkompetenz Ihres zukünftigen Berufes ist. Wenn Sie die folgenden Fragen gut beantwortet haben, können Sie sicher sein, dass Sie das (theoretische) Rüstzeug besitzen, um anständige Erziehungsarbeit zu leisten. Betrachten Sie diese Fragen also ruhig als eine Art „Prüfstein" Ihrer Professionalität! Los geht's:

A *Frage 1: Was ist Erziehung?*
Fassen Sie all das, was Sie in den bisherigen Kapiteln über Erziehung gelernt haben, zusammen. Formulieren Sie ausführlich und umfassend.

A *Frage 2: Wann geschieht Erziehung?*
Beantworten Sie diese Frage in Konsequenz zur ersten Frage. Sie können das relativ kurz tun.

A *Frage 3: Was verändert Erziehung?*
Denken Sie an die zwei Dimensionen, in die Erziehung eingreift und erklären Sie ausführlich die Unterschiede der beiden Dimensionen (das kann ruhig sehr umfangreich werden und auf mehr als eine Karteikarte passen).

A *Frage 4: Was ist Bildung?*
Nachdem Sie sich an den vorhergegangenen Fragen abgearbeitet haben, können Sie diese Frage recht schnell beantworten.

A *Frage 5: Warum ändern Menschen Ihr Verhalten?*
Auch diese Antwort darf kürzer ausfallen.

A *Frage 6: Welche Formen von Beweggründen kennen Sie?*
Ein kleiner Tipp: Benutzen Sie Erziehungsmittel, um die Kategorien von Beweggründen darzustellen. Achtung: Dies ist vielleicht die schwerste, auf jeden Fall die wichtigste Frage. Lassen Sie sich mit der Beantwortung viel Zeit.

A *Frage 7: Was meine ich, wenn ich von „Raum für Verhaltensänderung" spreche?*
Gehen Sie auf verschiedene Verständnisse des Begriffes „Raum" ein.

Lösungsvorschlag zu Frage 1 „Was ist Erziehung?"

Erziehung ist, wenn Menschen das Verhalten anderer Menschen (in unserem Fall Kinder) dauerhaft verändern. Dies geschieht durch das Bereitstellen von Beweggründen und Raum für die gewünschte Veränderung. Erziehung kann absichtsvoll erfolgen, indem jemand gezielt erzieherische Verhaltensweisen benutzt oder mit Bedacht die Umgebung der Kinder gestaltet, um damit eine erwünschte Verhaltensänderung zu erzielen.

Erziehung kann jedoch auch unbeabsichtigt ausgeübt werden, indem jemand durch unabsichtliches Verhalten oder unabsichtliche Gestaltung der Umgebung der Kinder diese dauerhaft, wenngleich auch ziellos, verändert. Dieser unbeabsichtigte Einfluss ist demjenigen, der Erziehung ausübt, meistens nicht bewusst.

Die einzelnen Formen der Erziehung können sich gegenseitig ergänzen, dann verstärkt sich ihre jeweilige Wirkung. Sie können aber auch entgegengesetzt wirken, dann neutralisiert sich ihre Wirkung. Darum ist es besonders wichtig, die unabsichtlichen Formen der Erziehung intensiv aufzuspüren und zu überprüfen.

Lösungsvorschlag zu Frage 2 „Wann geschieht Erziehung?"

Erziehung geschieht immer, wenn (Kinder) dauerhafte Änderungen ihres Verhaltens zeigen, die nicht durch Reifung oder pharmazeutische Einwirkung (Drogen, Psychopharmaka usw.) verursacht wurden. Selbst Verhaltensänderungen, die selbstmotiviert sind, also aufgrund eines eigenen willentlichen Entschlusses und ohne offenkundige Fremdursache geschehen, haben ihre Ursache letztlich in einem erzieherischen Anstoß. Erziehung geschieht also wesentlich häufiger, als man in der Regel annimmt.

Lösungsvorschlag zu Frage 3 „Was verändert Erziehung?"

Erziehung zielt einerseits auf dauerhafte Veränderung der Moral und andererseits auf die dauerhafte Veränderung durch die Förderung der natürlichen Anlagen des Kindes.

Diese beiden Kategorien unterscheiden sich dadurch, dass bei der Veränderung der Moral der Anspruch besteht, dass alle Kinder gleich behandelt werden sollen. Die gleiche Moral soll möglichst für alle gelten. Bei der Veränderung der natürlichen Anlagen geht es dagegen darum, jedes Kind individuell zu fördern, jedes Kind wird anders behandelt.

Erziehung zur Moral geschieht nicht dadurch, dass man Kinder einen moralischen Katalog lehrt, den sie auswendig zu lernen haben, sondern dass man Kinder die Fähigkeit lehrt, selbst ethisch korrekt zu entscheiden. Welche Ethik dabei benutzt wird, bleibt innerhalb des Rahmens der Gesetze unseres Landes in der jeweils freien Entscheidung der Erziehenden. Geschieht Erziehung im Rahmen einer Einrichtung, sollten die grundlegenden Entscheidungen einheitlich für die gesamte Einrichtung getroffen werden.

Die Förderung der natürlichen Anlagen des Kindes zielt auf die individuelle Verbesserung bestimmter Aspekte ab, die in den jeweiligen Bildungsplänen als Bildungsbereiche oder Bildungsfelder beschrieben werden. Dabei muss zunächst immer die grundsätzliche Entscheidung getroffen werden, ob eher die bereits hochentwickelten Fähigkeiten oder die eher unterentwickelten Fähigkeiten gefördert werden sollen, oder ob ein Kompromiss aus beidem angestrebt wird. Grundsätzlich ist dies die Entscheidung der Erziehenden, bei Einrichtungen wird jedoch in der Regel eine grundsätzliche Entscheidung für alle dort beschäftigten Pädagogen getroffen.

Lösungsvorschlag zu Frage 4 „Was ist Bildung?"

Bildung ist das Ergebnis der Erziehung. Ebenso wie Erziehung hört sie nicht irgendwann auf, sondern ist ein lebenslanger Prozess, der das Ergebnis einer Folge von dauerhaften Verhaltensänderungen ist.

Lösungsvorschlag zu Frage 5 „Warum ändern Menschen ihr Verhalten?"

Menschen ändern ihr Verhalten nur, wenn sie einen Beweggrund und den für die Änderung notwendigen Raum haben. Sind diese beiden Bedingungen nicht erfüllt, ist keine Verhaltensänderung möglich.

Lösungsvorschlag zu Frage 6 „Welche Kategorien von Beweggründen kennen Sie?"

Es gibt drei große Kategorien von Beweggründen, die ihrerseits untereinander noch auftrennbar sind und Überschneidungen aufweisen.

1. Belohnungen als Beweggründe

Belohnungen sind etwas, das sich das Kind (der Erwachsene) wünscht. Sie unterscheiden sich durch den Grad ihrer Intrinsität. Je intrinsischer eine Belohnung, umso dauerhafter bleibt die dazu notwendige Verhaltensänderung bestehen. Je wahrscheinlicher die Belohnung ist, umso schneller erfolgt die Verhaltensänderung.

Das Typische an einer Belohnung ist, dass sie immer die Möglichkeit bietet, sich für oder gegen sie zu entscheiden. Sie bietet also immer die Qualität einer freien, durch Nachdenken bewirkten Willensentscheidung.

2. Strafen als Beweggründe

Strafen sind Ereignisse, die ein Kind (ein Erwachsener) nicht wünscht. Um sie zu vermeiden zeigt er die entsprechende Verhaltensweise. Eine Strafe wirkt als Beweggrund für eine Verhaltensänderung umso schneller, je klarer sie als Strafe wahrnehmbar ist.

Das Typische an einer Strafe ist, dass sie keine echte Möglichkeit bietet, sich gegen sie zu entscheiden. Die freie Willensentscheidung spielt also bei der Verhaltensänderung keine Rolle, diese wird buchstäblich erzwungen. Durch diese extrinsische Wirkung der Strafe ist die durch sie ausgelöste Verhaltensänderung wahrscheinlich nicht dauerhaft.

3. Gewöhnung als Beweggrund

Menschen verhalten sich und ändern ihr Verhalten, weil sie sich an ein bestimmtes Verhalten gewöhnen. Sie zeigen das Verhalten, ohne darüber intensiv nachzudenken – weil alle es zeigen. Das tun sie möglicherweise deshalb, weil Verhaltensweisen, an die man sich gewöhnt hat, eine gewisse Sicherheit oder Geborgenheit bieten, nach der Kinder (und Erwachsene) sich sehnen.

Das Typische an diesem Beweggrund ist, dass er ohne Nachdenken erfolgt und dass er im Grunde weder intrinsisch noch extrinsisch verursacht wird, sondern „einfach so". In der Erziehung wird Gewöhnung als Beweggrund zur Verhaltensänderung dann wirksam, wenn Gewöhnung kontinuierlich erfolgen kann. Ihre Wirkung wird – so glaube ich – deutlich unterschätzt.

Alle Beweggründe erfordern ein hohes Maß an Kontingenz. Das bedeutet im Einzelnen:

1. Eine Belohnung muss sicher und zügig eintreffen, damit die erwünschte Verhaltensweise eintrifft. Für die Erziehung bedeutet das, dass die Belohnungen im Bereich des Möglichen sein müssen.

2. Eine Strafe muss bei entsprechender unerwünschter Verhaltensweise sicher und zügig eintreffen. Strafandrohungen müssen also immer im Bereich des Möglichen oder Sinnvollen gehalten werden.

3. Gewöhnung muss möglichst gleichförmig sein. Das, woran man gewöhnen möchte, muss auch die Regel sein.

Lösungsvorschlag zu Frage 7 „Was meine ich, wenn ich von ‚Raum für Verhaltensänderung' spreche?"

„Raum" ist eine der zwei unabdingbaren Voraussetzungen für Verhaltensänderungen. „Raum geben" bedeutet, dass man dem Kind die Möglichkeit einräumt, das erwünschte Verhalten auch tatsächlich zu zeigen. Das bedeutet im Einzelnen:

1. Als Erzieher erklärt man sich innerlich bereit, das erwünschte Verhalten auch tatsächlich zu ermöglichen. Möglicherweise muss man dazu selbst erst einen Veränderungsprozess durchleben.

2. Als Team verhält man sich so, dass die erwünschten Verhaltensänderungen möglich sind. Das kann unter Umständen nach einer konzeptionellen Änderung verlangen.

3. Allgemein muss Raum zur Verfügung gestellt wird. Das meint sowohl tatsächliche Räume, die zu einer Verhaltensänderung notwendig sein können. Es kann aber auch bedeuten, dass darauf geachtet oder hingearbeitet werden muss, dass das Umfeld die Verhaltensänderung ermöglicht und diese in ihm dauerhaft gezeigt werden kann.

So, Sie haben es geschafft! Haben Sie alles? Mehr oder weniger, sinngemäß? Dann steht Ihnen die Tür zum praktischen Tel dieses Buches weit offen und ich lade Sie ein, einzutreten. Wenn nicht, rate ich Ihnen, bei den Fragen, zu deren Beantwortung Sie nur wenig geschrieben haben, Ihre Lücken aufzufüllen und nochmals nachzulesen, was an den entsprechenden Stellen geschrieben wurde.

8 Erziehung durch Belohnungen

*In diesem Kapitel lernen Sie, welche vielfältigen Möglichkeiten das Erziehungsmittel „Belohnung"
bietet und Sie lernen, wie, wann und warum Sie es einsetzen können.*

Am Anfang steht eine universelle menschliche Eigenschaft, die nur auf den ersten Blick leichter durchschaubar und „bedienbar" erscheint, als sie es dann aber in Wirklichkeit ist – passen Sie also genau auf:

Die Erkenntnis, dass für ein angenehmes Gefühl ein bestimmtes Verhalten nötig ist, bewirkt, dass das entsprechende Verhalten gezeigt wird, sofern dies möglich ist.

Anders gesagt:

1. **Weiß man**, was man tun muss, um einen angenehmen Zustand zu erreichen,
2. ist **man in der Lage**, es zu tun
3. und ist einem der angenehme Zustand **mehr wert** als es einen kostet, das Verlangte zu tun – dann tut man es höchstwahrscheinlich.

Eine der wichtigsten Formen der Erziehung ist die Konfrontation eines Kindes mit der Möglichkeit eines angenehmen Zustands. Man könnte auch Belohnung dazu sagen, aber das greift ein bisschen zu kurz. Bei Belohnungen denken wir an kleine Geschenke wie Smarties oder kleine Aufkleber oder Geld. Angenehme Zustände können aber viel mehr sein.

Aufgabe
Überlegen Sie in der Gruppe, welche angenehmen Zustände, welche Belohnungen sie kennen. Schreiben Sie diese auf und überlegen Sie dann, wie viel Sie bereit sind, für diesen Zustand „auszugeben". Das, was Sie „geben", kann materiell sein oder immateriell.

Natürlich sind auch Smarties oder kleine Aufkleber Belohnungen. Insgesamt könnte man alle Formen von Belohnungen hinsichtlich zweier Eigenschaften einordnen oder unterscheiden.
Die erste Eigenschaft ist der Grad der Materialität. Es gibt Belohnungen, die bestehen aus „Material" – das könnten dann tatsächlich Smarties oder Aufkleber oder Tatoos oder vieles andere sein – und es gibt solche, die bestehen gerade nicht aus etwas Materiellem, sind also immateriell. Immaterielle Belohnungen sind solche, die man nicht zählen, messen oder wiegen kann – ein Lob, eine aufmunternde Geste, aber auch „Stolz auf sich sein können", „sich wohlfühlen" usw.

Die zweite Eigenschaft ist die der Intrinsität. Es gibt Belohnungen, die gibt man sich selbst. Die bezeichnen wir als **intrinsische** Belohnungen. Und es gibt Belohnungen, die bekommt man von anderen, diese nennen wir **extrinsische** Belohnungen. Die Beispiele für immaterielle Belohnungen von eben haben das ganz deutlich gemacht: Ein Lob kommt von außen, es ist extrinsisch. „Stolz auf sich selbst sein" kommt von innen, es ist intrinsisch.

Extrinsische oder intrinsische Belohnungen können sowohl materiell als auch immateriell sein.

Aufgabe **A**
Um es gleich ein bisschen schwierig zu machen: Versuchen Sie, ein paar Beispiele für materielle intrinsische Belohnungen zu finden.

Man kann das Ganze auf einer Art Feld aufzeichnen:

Irgendwo auf diesem Feld kann man jede Belohnung einordnen.

Aufgabe **A**
Ordnen Sie folgende Beispiele von Belohnungen nach Gefühl ein, indem Sie die Buchstaben auf das Feld setzen:
a. Aufkleber von Prinzessin Lillifee
b. „Das hast Du gut gemacht."
c. „Ich habe aufgeräumt, jetzt esse ich zur Belohnung meinen Schokoladen-Nikolaus."
d. „Ich finde mich hübsch."

Finden Sie weitere Beispiele für die vier Bereiche.

Die Unterschiede dieser vier Bereiche besprechen wir später. Für alle Bereiche gilt jedoch: Stellen Sie einem Kind eine Belohnung in Aussicht und zeigen Sie ihm, was es (oder er) dafür tun muss, um sie zu bekommen, dann wird es (oder er) das höchstwahrscheinlich tun. Dazu müssen lediglich zwei Bedingungen erfüllt sein:

Erstens: Die Belohnung muss für das Kind wirklich lohnenswert sein (und nicht für Sie).
Nicht jede Belohnung wirkt auf jeden Menschen gleich attraktiv. Stellen Sie sich mal vor, ich würde Ihnen als Belohnung für ein bestimmtes Verhalten die Aussicht auf einen Sitzplatz bei den Bayreuther Festspielen anbieten. Na? Prickelt's? Wie viel wären Sie bereit, dafür zu ändern? Welche Verhaltensweisen wären Sie bereit, dafür zu zeigen? Meine Schwiegermutter würde sich schätzungsweise dafür auch auf den Kopf stellen und mit den Zehen wackeln – und noch viel, viel mehr.

In der Erziehung macht man häufig den Fehler, von sich selbst auszugehen und das auf andere zu übertragen. Etwas, das Ihnen lohnenswert erscheint, kann für ein Kind völlig wertlos sein. Etwas, von dem Sie denken, dass es wertvoll für das Kind ist, kann ihm tatsächlich ziemlich wenig bedeuten. Ich bin mal gespannt, wie lange, besser gesagt, wie kurz noch Prinzessin Lillifee Artikel als das Nonplusultra der extrinsischen materiellen Belohnungen gelten.

Zweitens: Der dafür notwendige Aufwand muss weniger „wiegen" als die Belohnung (und zwar nach der „Umrechnungstabelle" des Kindes).

Selbst dann, wenn etwas für ein Kind sehr wertvoll erscheint, wird es das dazu notwendige Verhalten nur dann zeigen, wenn der Aufwand nicht zu groß ist – wenn er sich lohnt. Ich bin mir nicht sicher, ob meine Schwiegermutter von mir Gratiskarten für die Bayreuther Festspiele annehmen würde, wenn sie dafür die Bedingung erfüllen müsste, dass sie sich von mir auf dem Sozius meines Motorrad dorthin fahre lassen müsste (ulkige Vorstellung).

Für einen lumpigen Aufkleber von Prinzessin Lillifee machen vor allem diejenigen Kinder keinen Finger mehr krumm, die schon längst alles von dieser Marke haben.

Der grundsätzliche Mechanismus der erzieherischen Verhaltensweise „Belohnen" dürfte klar geworden sein: Wenn Sie ein bestimmtes Verhalten wünschen, suchen Sie eine Belohnung aus (die für das Kind erstrebenswert ist) und knüpfen Sie den Erhalt der Belohnung an die Bedingung, dass das erwünschte Verhalten gezeigt werden muss. Stimmt der Preis und wird das erwünschte Verhalten im Wert als geringer eingeschätzt als die Belohnung, so wird das Verhalten wahrscheinlich gezeigt werden.

Klingt einfach, oder? Ist es aber nicht. Das Hauptproblem, aus dem sich alle Schwierigkeiten dieser erzieherischen Verhaltensweise ergeben, ist eigentlich offensichtlich, es gibt sogar ein Sprichwort dafür, es lautet:

„Je mehr man hat, je mehr man will."

Egal, ob das Ganze jetzt intrinsisch oder extrinsisch ist – mit dem was man hat, ist man nie lange zufrieden. Niemals. Und das geht bis ins Erwachsenenalter hinein, Sie kennen das von sich selbst. Nie ist man mit dem zufrieden, was man hat, immer will man mehr. Wenn Sie das Belohnungsprinzip in der Erziehung anwenden wollen, müssen Sie das wissen.

Dennoch können Sie das Belohnungsprinzip in der Erziehung mit großem Erfolg einsetzen. Sie müssen nur ein paar Regeln beachten, die ich Ihnen im Folgenden zeigen und erklären möchte:

8.1   Regeln, die für extrinsische Belohnungen gelten

Die ersten beiden Regeln lassen sich aus einem einzigen Prinzip ableiten. Es lautet:

Merksatz
Wenn schon extrinsisch belohnen, dann in der richtigen Art und Weise.

Wer zu häufig belohnt, dessen Belohnung verliert beim Belohnten ganz schnell an Wert. Um dem entgegenzuwirken, kann man die Belohnungen (zumindest am Anfang) ganz klein machen. Dazu gibt es ein berühmtes System, man nennt es das Token-System. Sie kennen das wahrscheinlich: Für ein erwünschtes Verhalten bekommt man einen kleinen Punkt, oder Stempel oder Kreuzchen auf einer Liste. Hat man dann 10 Kreuzchen (oder eine beliebige andere Anzahl), dann bekommt man entweder gleich die eigentliche Belohnung oder man bekommt einen besonderen Aufkleber und für 10 von diesen gibt es dann den Muffin oder was auch immer als Belohnung vereinbart wurde.

Was spricht dagegen? Nun, die Regel, dass eine Belohnung an Wert verliert, je häufiger sie vergeben wird, gilt auch für kleine (Teil-) Belohnungen. Das bedeutet, dass man den Wert einer Belohnung nicht erhalten kann, indem man sie in mehrere kleine Bruchstücke aufteilt. Das Ergebnis dabei ist nur, dass die Bruchstück-Belohnungen rasch ihren Wert verlieren und dadurch bald nicht mehr dazu anreizen, das erwünschte Verhalten zu zeigen.

Man kann dieselbe Belohnung auch nicht immer wieder vergeben, auch dann verliert sie ihren Wert.

Dasselbe gilt für intrinsische Belohnungen auch: Wenn Sie bei jedem Bild, das eines Ihrer Kinder malt „Toll, super!" sagen, verliert dieses Lob an Wert. Das Kind wird sich irgendwann einmal nicht mehr für dieses „Toll, super!" anstrengen, weil es das nun schon oft genug gehört hat.

Wie können Sie die Inflation, also den Verlust des Wertes einer Belohnung vermeiden?

Regel
1. Gehen Sie kleine Wege.

R

Wenn Sie eine Belohnung in Aussicht stellen, also extrinsisch belohnen möchten, dann stellen Sie einen schnellen und unmittelbaren Zusammenhang zwischen Belohnung und erwünschtem Verhalten her. Und sorgen Sie dafür, dass die Belohnung auch garantiert eintrifft. Spalten Sie die Belohnung nicht in winzige Teile auf, sondern geben Sie reichlich. Das bedeutet konkret beispielsweise: Loben Sie kräftig, aber nicht häufig. Loben Sie unmittelbar auf das gezeigte Verhalten. Schenken Sie dann, wenn der Anlass da ist, verzögern Sie eine Belohnung nicht. Wenn eine unmittelbare Belohnung (beispielsweise aus Zeitgründen) nicht möglich ist, unterlassen Sie die Belohnung entweder ganz oder stellen Sie im Nachhinein für das Kind wieder einen Zusammenhang her, indem Sie das Ereignis dem Kind so ins Gedächtnis rufen, dass Sie sicher sein können, dass das Kind die zu belohnende Situation wieder vor seinem inneren Auge hat. Generell aber gilt: Je unmittelbarer die Belohnung erfolgt, umso besser für das Kind und Ihre erzieherische Absicht.

Regel
2. Geben Sie passende Belohnungen.

R

Belohnen Sie immer mit dem, was in der jeweiligen Situation passt. Tun Sie das nicht, verlieren die einzelnen Belohnungen ihren Wert. Egal, ob das materielle oder immaterielle extrinsische Belohnungen sind. Loben Sie angemessen. Auch eine kleine Bemerkung kann wohltuend sein, sie muss nur passen. Man muss beispielsweise nicht jedes Bauwerk aus der Bauecke mit „Super!" kommentieren. Ein interessiertes Beobachten und paradoxerweise sogar eine kritische Bemerkung kann unter Umständen viel mehr bewirken:

„Der Turm ist ja schon richtig hoch – aber es fehlt noch die Mauer drumrum, die müsst Ihr unbedingt noch bauen". Schenken Sie angemessen. Ich war beispielsweise sehr überrascht, als ich versucht habe, Kinder selbst Belohnungsgeschenke aussuchen zu lassen. Meistens waren die Kinder wesentlich anspruchsloser und mit weniger zufrieden, als ich selbst wohl geschenkt hätte. Überlegen Sie sich immer, was für das jeweilige erwünschte Verhalten als Belohnung angemessen ist. Versetzen Sie sich dabei in die Lage eines Kindes und versuchen Sie, die Situation aus seinem Blickwinkel heraus zu sehen. Tun Sie das nicht, werden selbst hochwertige Belohnungen ihren Wert schnell einbüßen.

8.2   Regeln, die für intrinsische Belohnungen gelten

Viele Leute meinen, dass es doch ziemlich schäbig ist, wenn Kinder nur wegen der Aussicht auf Belohnungen ein erwünschtes Verhalten zeigen. Sie kritisieren materielle Belohnungen und meinen, dass das erwünschte Verhalten doch auch „von selbst" kommen sollte. Ja sie kritisieren sogar immaterielle Belohnungen als Anreiz für erwünschtes Verhalten. Man sollte nicht „Bitte" und „Danke" sagen, weil man dafür eine Belohnung bekommt, man sollte sich nicht nur deshalb die Zähne putzen, weil man dann eine Gutenachtgeschichte vorgelesen bekommt, sondern man sollte Bitte sagen, weil es einem zum inneren Bedürfnis geworden ist, höflich zu sein, und die Zähne sollte man sich putzen, weil man Hygiene als Bedürfnis und Notwendigkeit erkannt hat.
Das ist schön und gut, aber manchmal vielleicht etwas übertrieben (siehe Regel Nr. 4).
Aus Sicht der Pädagoginnen haben diese Formen von Belohnung vor allem deshalb ihren Reiz, weil in dem Fall, in dem sich das Kind selbst belohnt, kein besonderer Aufwand von außen mehr stattfinden muss, damit das erwünschte Verhalten auftritt. Die Pädagogin muss quasi „weniger arbeiten", das Kind belohnt sich selbst.
Wenn die Zähne wegen der Gutenachtgeschichte geputzt werden sollen, müssen jedes Mal Sie etwas tun, um den angenehmen Zustand hervorzurufen. Sie müssen die Belohnung beschaffen und zum Vorlesen antreten. Wenn die Zähne wegen der Hygienebedürfnisse des Kindes geputzt werden, müssen Sie nicht antreten, und das ist wesentlich bequemer – für Sie! (Einmal ganz davon abgesehen, dass es auch für das Kind weniger Aufwand bedeutet, wenn es nicht bei jedem Mal überlegen muss, ob es die Belohnung noch für angemessen hält bzw. sich mit Ihnen darüber auseinandersetzt, was es noch für sein tolles Zähneputzen bekommen könnte!)
Wer es also schafft, dass Kinder sich gewissermaßen „selbst belohnen", hat einen leichteren Stand, muss selbst nichts mehr tun, die Verhaltensweise läuft von selber.

Ich habe Ihnen im Folgenden ein paar Regeln aufgeschrieben, die Sie anwenden können, um von extrinsischen Belohnungen weg zu intrinsischen Belohnungen zu gelangen.

R   *Regel*
1. Belohnen Sie nur das, von dem Sie überzeugt sind, dass es für das Kind (irgendwann) intrinsisch wertvoll werden könnte.

Geben Sie also nur dann eine Belohnung, wenn Sie der Überzeugung sind, dass das erwünschte Verhalten vom Kind irgendwann einmal um seiner selbst willen, also intrinsisch für wertvoll gehalten werden kann.

Warum das? Ganz einfach: Wenn es keine Möglichkeit gibt, einen intrinsischen Beweggrund für das Verhalten des Kindes zu schaffen, müssen Sie den Beweggrund immer „künstlich" herstellen. Sobald Sie (und mit Ihnen die extrinsische Belohnung) nicht mehr da sind, verliert sich das Verhalten von selbst wieder.

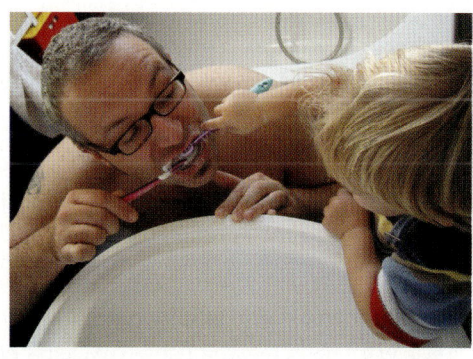

Wenn Sie nicht die Möglichkeit schaffen, dass Kinder den intrinsischen Wert einer Verhaltensweise erkennen, werden sie diese auch nicht intrinsisch motiviert zeigen. Wenn Kinder beispielsweise nie in eine Situation der „polarisierten Aufmerksamkeit" (vgl. Maria Montessori) geraten können, einfach weil es grundsätzlich zu laut ist, können Sie nicht erwarten, dass die Kinder „von sich aus", intrinsisch beginnen, insgesamt ein bisschen leiser zu sein.

Diese Regel hat noch einen wichtigen Seitenaspekt: Ich behaupte, dass Sie nur die Verhaltenweisen dauerhaft erziehen können, von deren Wert Sie selbst intrinsisch überzeugt sind. Nur wenn Sie den intrinsischen Wert einer Verhaltensweise selbst erkannt haben, können Sie diesen Wert auch vermitteln. Wenn Sie beispielsweise den Zustand des „Etwas ist ordentlich aufgeräumt" nicht selbst als angenehm wahrnehmen, ist es problematisch, genau das vom Kind zu erwarten, selbst wenn das Kind möglicherweise irgendwann einmal diesen Zustand tatsächlich als angenehm empfinden könnte.

Regel
2. Beginnen Sie mit einer Belohnung, die das Kind garantiert versteht.

R

Wenn ein Kind zum ersten Mal die Zähne putzen soll, ist ihm nicht klar, warum es das tun soll, das Verhalten „Zähneputzen" hat noch nicht den intrinsischen Beweggrund „Ich möchte meine Gesundheit erhalten und ein sauberes Gefühl und einen angenehmen Geschmack im Mund haben.

Stellen Sie an das Kind keine solchen hohen Ansprüche. Fordern Sie vom Kind nicht, etwas zu verstehen, was es nicht verstehen kann. Beginnen Sie aber auch nicht gerade mit dem primitivsten Beweggrund: „Wenn du deine Zähne schön putzt, kriegst du hinterher auch ein paar Smarties".

Wichtig ist, dass die Belohnung, die das Kind bekommt, genau das Format hat, das dem Kind auch als solches lohnenswert erscheint. In der Regel sind extrinsische Belohnungen spontan verlockender. Die Gutenachtgeschichte ist begreiflicher als „Hygienebewusstsein". Merken Sie sich aber: Je extrinsischer eine Belohnung ist, umso mehr müssen Sie dafür sorgen, dass die Belohnung auch so ausfällt, wie sie für das Kind erwünscht ist, und nicht für Sie! Schlaumeier kommen hier nämlich gerne auf die vermeintlich geniale Idee: „Na, dann lass ich eben eine Gutenacht-CD laufen" (und denken dabei : „Ich habe meine Ruhe, und das Kind seine Belohnung.") – vergessen dabei aber, dass der Wert der Geschichte nicht nur in der Geschichte liegt, sondern auch in der Zuwendung, die das Kind bekommt. Es kann sein, dass die Gutenacht-CD zum Zähneputzen zu billig ist. Es bleibt dabei: Je intrinsischer die Belohnung, umso geringer der Aufwand des Erziehers. Wie könnten Grade zwischen „Immer nach dem Zähneputzen kommt die Gutenachtgeschichte" und „Hygiene ist toll, deshalb putze ich mir die Zähne" aussehen?

● **Zeitliches Hinauszögern:**

Man liest nicht nach jedem Zähneputzen eine Geschichte vor, sondern zögert die Belohnung hinaus, indem man sie auf mehrere Male Zähneputzen auslobt. Aber Vorsicht: Zeit wirkt extrem inflationär auf den Wert der Belohnung.

● **Man ergreift die Möglichkeit, Übergänge zu finden:**

Haben Sie die Gutenachtgeschichte erst eingeführt, als es ums Zähneputzen ging? Ist sie einmal da, wird sie – wie auch das Zähneputzen – zu einem Teil des ganzen Zubettgehens, d. h. Teil eines Rituals (darüber erfahren Sie später noch mehr!), das sich im Leben des Kindes einprägt. Etabliert sich das Zähneputzen als Bestandteil eines Rituals, wird das Kind seine Notwendigkeit immer weniger hinterfragen. Es kann sein, dass irgendwann die Abfolge der einzelnen Ritual-Elemente noch einmal diskutiert wird, aber dann ist das Kind auch schon so weit, dass man ihm die Geschichte von Karius und Baktus erzählen kann, die durch die Zahnbürste vertrieben werden müssen, weil sie sonst die Zähne kaputtmachen.

● **Vermischen Sie die Belohnung mit anderen Erziehungsmitteln:**

Wie wär's denn mal mit Loben? Welches Kind findet es nicht toll, wenn man zu ihm sagt: „Boah, was hast du auf einmal für weiße Zähne? Das hast du allein durch Putzen geschafft? Die leuchten ja richtig!"

R *Regel*
3. Erklären Sie und leben Sie vor.

Zeigen Sie möglichst häufig, warum das erwünschte Verhalten auch um seiner selbst willen als wertvoll erachtet werden könnte.

Extrinsisch belohnen muss man so lange, bis das Ganze intrinsisch geworden ist. Das kann manchmal lange dauern. Der Trick dabei ist, dass man dem Kind möglichst häufig zeigt, warum das Ganze auch intrinsisch wertvoll ist, warum es sich also auch „von innen heraus" belohnt, wenn es das tut, was es tun soll.

Zähneputzen ist ja letztlich nicht nur toll, weil man eine Gutenachtgeschichte vorgelesen bekommt, sondern auch, weil es wirklich schön ist, sich sauber zu fühlen

„Leise sein" ist ja nicht für sich alleine etwas Schönes, sondern vielleicht deshalb, weil man sich in dieser Atmosphäre viel besser aus das geliebte Puzzeln konzentrieren kann.

Freundlich „Bitte" sagen ist ja nicht an sich schön, sondern vor allem deshalb, weil man diese Freundlichkeit wieder zurückbekommt.

Man muss also erklären, man muss vorleben, um dem Kind den inneren Sinn einer Verhaltensweise vor Augen zu führen. Dabei ist beim Erklären allerdings zu beachten, dass Erklärungen an sich etwas sind, was für das Kind unter Umständen ganz schön ermüdend wirken kann. Nehmen wir das Zähneputzen. Das macht dem Kind an sich bereits keinen Spaß, und jetzt kommt da auch noch eine langweilige Erklärung oben drauf. Das ist lästig, Das Kind will noch weniger gerne Zähneputzen. Verzichten Sie auf lange Erklärungen, wenn das Kind diese nicht verlangt. Erklären Sie kurz und locker. Wir besprechen das richtige Erklären übrigens weiter unten nochmals genauer.

Auch das Vorleben hat seine Tücken. Vorleben geht nur, wenn man das, was man gut heißt, auch wirklich gut findet. Es gelingt einfach nur dann, wenn es natürlich wirkt. Extra aufgesetztes, „gespieltes" Vorleben wird von Kinder extrem rasch durchschaut. Leben Sie das vor, was Sie wirklich selbst gut finden, dann leben Sie es auch natürlich vor.

R *Regel*
4. Verlassen Sie sich nie völlig auf eine intrinsische Belohnung.

Selbst wenn ein Verhalten dauerhaft gezeigt wird, ist es schwer, es aufrechtzuerhalten, wenn von außen nie eine Rückmeldung kommt. Denken Sie mal an sich selbst: Sicher wollen Sie gerne sauber sein oder interessant oder einen Fachhochschulabschluss haben, aber wenn von außen nie eine Rückmeldung kommt, verliert sich selbst der beste

Anspruch. Gehen Sie davon aus, dass das bei den Kindern mindestens ebenfalls so ist. Selbst wenn ein Verhalten intrinsisch gezeigt wird, tut es jedem gut, von Zeit zu Zeit wieder eine Bestätigung von außen zu bekommen. Geben Sie diese. Dazu können Sie materielle oder immaterielle Belohnungen verwenden, Hauptsache ist, die Belohnung kommt an. Wenn ein Kind gelernt hat, dass es schöner ist, in einer aufgeräumten Ordnung zu spielen, ist es überhaupt nicht verkehrt, immer wieder diese Ordnung lobend zu kommentieren. Freundliche Kinder lobt man für Ihre Freundlichkeit viel seltener, als unfreundliche Kinder, die sich ausnahmsweise zu einer freundlichen Verhaltensweise hinreißen lassen. Das schwäbische Sprichwort: „Nicht geschimpft ist genug gelobt." ist ziemlich abscheulich und grundverkehrt. Loben und belohnen Sie auch Verhaltensweisen, die bereits intrinsisch motiviert sind.

8.3 Verhaltensweisen, um zu belohnen

Es gibt eine große Anzahl unterschiedlicher Erziehungsmittel, um extrinsisch oder intrinsisch zu belohnen. Ich habe sie Ihnen im Folgenden aufgelistet und erläutert.

8.3.1 Loben

Loben ist eine extrinsisch immaterielle Form von Belohnung.
Mit Hilfe eines Lobes zeigen Sie dem Kind, dass das gezeigte Verhalten Ihre Zustimmung findet, Sie geben also eine Information ab. Wie diese Information konkret formuliert ist, bleibt Ihnen überlassen, nur: Achten Sie immer darauf, dass das Lob auch angemessen ist, sonst verliert es seinen Wert. Die Belohnung findet eigentlich nach dem Lob statt. Das Kind fühlt sich gut, es ist stolz auf seine Leistung und es gewinnt an Selbstvertrauen. In so einer Stimmung ist es natürlich bestens auf neue, schwerere Aufgaben vorbereitet. Ganz nebenbei erhöht derjenige, der lobt, auch seinen eigenen Wert in den Augen des Gelobten und das kann für die Zukunft sehr nützlich sein.
Die Verhaltensänderung, die beim Kind durch Loben hervorgerufen und bestärkt wird, entsteht schnell, ist aber instabil, ebenso wie die Sympathiesteigerung, die der Lobende aus der Sicht des Kindes erfährt. Lob allein erzeugt bestenfalls sehr wenige intrinsische Beweggründe für eine Verhaltensänderung. So gesehen ist es als alleiniges Erziehungsmittel zur Erzielung langanhaltender Verhaltensänderungen ungeeignet.
Lob (und Geschenke, s. u.) verändert superschnell die Verhaltensweisen von Kindern. Es ist gewissermaßen die zweitschnellste Art überhaupt, um eine erwünschte Verhaltensänderung zu erzielen. Wenn es noch schneller gehen muss, müssen Sie strafen, aber das hat viele negative Konsequenzen (zum Bestrafen kommen wir später).

Regeln für Lob   **R**
- *Seien Sie authentisch! Loben Sie nur das, was Sie auch wirklich gut finden.*
- *Übertreiben Sie Ihre Formulierungen nicht, formulieren Sie überlegt und angemessen.*
- *Loben Sie möglichst direkt im Anschluss an die erwünschte Verhaltensweise.*
- *Falls dies nicht möglich ist und Sie erst nach einer gewissen Zeitspanne loben können oder wollen, stellen Sie sicher, dass das Kind auch noch weiß, wofür es gelobt wird.*

8.3.2 Belohnungsgeschenke

Belohnungsgeschenke sind materialisierte Formen des Lobes. Man gibt einem Kind zur Belohnung eine Sache, an der es Freude hat.

Früher hat man Belohnungsgeschenke wegen ihres materiellen Charakters generell eher mit Skepsis betrachtet. Wenn wir jedoch genau hinschauen, funktioniert vieles nur scheinbar selbstlos oder immateriell. In der Regel stecken immer auch materielle Anreize dahinter ... Warum macht man eine Fachhochschulreife? Sicher auch deshalb, weil es an sich etwas Feines ist und man sich damit wohlfühlt, aber steckt nicht auch ein materieller Anreiz (höheres Gehalt) dahinter?

Belohnungsgeschenke unterliegen fast noch mehr dem Gesetz der Inflation als das Lob. Das bedeutet, dass der Wert eines Belohnungsgeschenks nie erhalten bleibt, sondern stetig sinkt, so dass für die gleiche Verhaltensweise immer mehr verlangt wird.

In dem Maß, wie der Wunsch nach dem Belohnungsgeschenk einen intrinsischen Beweggrund hat („Ich sehne mich danach."), wird die dazu notwendige Verhaltensänderung zwar stabiler, der Wert verliert sich dennoch im Laufe der Zeit oder zumindest nach Erhalt des Geschenks. Das macht Belohnungen als einzige erzieherische Verhaltensweise eigentlich sinnlos, denn man kann irgendwann die notwendigen Geschenke schlicht nicht mehr beschaffen.

R

Regeln für Belohnungsgeschenke
- *Schenken Sie selten und eher unregelmäßig. Belohnungsgeschenke sind extrem inflationär, sie verlieren ganz schnell ihren Wert.*
- *Schenken Sie etwas, das der Sehnsucht des Kindes möglichst genau entspricht (und nicht ihren pädagogischen Wertvorstellungen), schenken Sie also lieber eine Barbie statt einer Käthe-Kruse-Puppe – Sie verstehen, was ich meine?*
- *Ansonsten gelten die Regeln für das Loben.*

8.3.3 Mutmachen

Mutmachen meint, dass man einem Kind bereits vor der Verhaltensänderung das eigene Zutrauen in sein Vermögen signalisiert, diese zu zeigen. Eine Verhaltensänderung, die durch Mutmachen ausgelöst wird, beinhaltet eine immaterielle intrinsische Form von Belohnung. Benutzt man sie als Erziehungsmittel, muss man wegen ihres hohen Grades an Intrinsität damit rechnen, dass die Verhaltensänderung erst mit zeitlicher Verzögerung einsetzt, dafür aber sehr stabil ist. Wenn

einem Kind tatsächlich Mut zu einer bestimmten (erwünschten) Verhaltensweise gemacht wurde, kann das ein sehr starker Beweggrund sein, dieses Verhalten auch wirklich zu zeigen.

Aber Vorsicht: Mutmachen ist im positiven aber ebenso auch im negativen Sinne sehr wirkungsvoll. Anders gesagt: Mutmachen kann ganz schön „in die Hose" gehen.
Damit das nicht passiert, müssen Sie unbedingt darauf achten, dass Sie ein Kind nur zu solchen Verhaltensweisen ermutigen, von denen Sie überzeugt sind, dass das Kind sie auch wirklich zeigen kann.
Es hat keinen Sinn, ein Kind mit grobmotorischen Schwächen dazu zu ermutigen, den höchsten Baum zu ersteigen. Der Schuss geht dann eher nach hinten los. Schafft das Kind nämlich die angestrebte Verhaltensänderung nicht, erzielen Sie ein negatives Ergebnis!

Aufgabe   **A**
Können Sie sich denken, wie dieses Ergebnis aussieht?

Und noch etwas ist wichtig: Weil Mutmachen ein intrinsischer Beweggrund zur Verhaltensänderung ist, beginnt er erst dann zu wirken, wenn er tatsächlich intrinsisch geworden ist, d. h., wenn das Kind selbst an das glaubt, was Sie sagen. Das kann länger dauern und aufwendiger sein, als Sie denken. Halten Sie durch, denn wenn Sie zu früh damit aufhören, erzielen Sie auch wieder einen negativen Effekt.

Aufgabe   **A**
Können Sie sich denken, wie dieser negative Effekt aussieht?

Regeln zum Mutmachen   **R**
- *Vor allem, wenn Sie damit beginnen, diese Verhaltensweise bei einem Kind einzusetzen, achten Sie genau darauf, ob Sie dem Kind auch wirklich das zutrauen, wozu Sie ihm Mut machen, oder ob Sie bloß so eine Art „positiver Stimmung" verbreiten möchten. Gerade am Anfang sind Erfolgserlebnisse unbedingt notwendig. Später ist ein Misserfolg nicht so schlimm, zu Beginn ist er eine Katastrophe.*
- *Formulieren Sie so, dass dem Kind eine Chance bleibt, das erwünschte Verhalten in Würde (noch) nicht zu zeigen. Knüpfen Sie Ihr Mutmachen nicht an eine sofortige Verhaltensänderung.*
- *Hören Sie erst damit auf, Mut zu machen, wenn das erwünschte Verhalten tatsächlich gezeigt wird.*

8.3.4 Vormachen

Vormachen meint, dass man einem Kind absichtlich, also gezielt, das erwünschte Verhalten vorlebt (im Unterschied zum „Vorleben" weiter oben). Zum Erziehungsmittel wird Vormachen erst, wenn das Kind dieses Verhalten tatsächlich nachahmt und dadurch übernimmt. Das Kind übernimmt ein Verhalten immer erst dann, wenn ihm dieses Verhalten als angenehmer erscheint als sein bisher gezeigtes Verhalten.
Eine Verhaltensänderung, die durch Vormachen ausgelöst wird, beinhaltet eine intrinsisch immaterielle Form der Belohnung. Sie können also davon ausgehen, dass das erwünschte Verhalten stabil bleibt, wenn es auch ein Weilchen dauern kann, bis es erstmals übernommen wird. Vormachen kann also ganz schön wirkungsvoll sein. Gerade darum ist diese erzieherische Verhaltensweise mit großer Vorsicht zu genießen. Denn es ist eine simple Tatsache, dass

Menschen alles nachahmen, was ihnen als wirkungsvollere Alternative zu ihrem bisherigen Verhalten erscheint. Dabei ist es unerheblich, ob das nachgeahmte Verhalten wiederum von anderen erwünscht ist oder nicht.

Zeigen Sie einem Kind ein Verhalten, das zwar unerwünscht aber wirkungsvoll erscheint und das Kind wird dieses Verhalten nachahmen. Zeigen Sie einem Kind ein erwünschtes Verhalten, das dem Kind wirkungslos erscheint, dann wird es das Verhalten nicht nachahmen, da können Sie machen, was Sie wollen.

Worauf gilt es also zu achten? Nun, im Grunde genommen machen Sie dem Kind ja immer etwas vor, nur nicht unbedingt mit einer speziell erzieherischen Absicht. Wenn Sie jetzt plötzlich etwas mit erzieherischer Absicht vormachen, müssen Sie auf jeden Fall darauf schauen, dass das auch im Einklang mit dem steht, was Sie sonst ständig vorleben, sonst wird das Ganze unsinnig und Sie erscheinen unglaubhaft.

Ehrlich gesagt, empfinde ich das absichtliche Vormachen als eine eher problematische erzieherische Verhaltensweise und neige dazu, stattdessen einfach vorzuleben, also die eigenen unbeabsichtigten Verhaltensweisen so gut anzupassen, dass ich nichts mehr zusätzlich vormachen muss. Denn wenn Sie etwas absichtlich vormachen, was Sie vorher und nachher nicht vorleben, wird es nichts nützen. Wenn Sie jedoch etwas unabsichtlich vorleben, ist das an sich schon wirkungsvoll, und Sie müssen es dann nicht mehr absichtlich tun.

R

Regeln fürs Vormachen
- *Achten Sie darauf, dass das, was Sie absichtlich vormachen und das, was Sie unabsichtlich vorleben, prinzipiell miteinander vereinbar ist.*
- *Hinterfragen Sie sich selbst möglichst genau und häufig dahingehend, was Sie unabsichtlich vorleben.*
- *Machen Sie nur das vor, von dem Sie ziemlich sicher sind, dass das entsprechende Kind dieses Verhalten auch als reizvoller empfindet, als sein bisher gezeigtes Verhalten. Andernfalls verlieren Sie rapide an pädagogischem Ansehen.*

8.3.5 Erklären

Mit Erklären meine ich, dass man einem Kind zu der Einsicht verhilft, warum ein erwünschtes Verhalten besser ist als das bisher gezeigte. Wenn es davon überzeugt ist, wird es das erwünschte Verhalten zeigen, weil es ja verstanden hat, dass dieses Verhalten besser ist.

Erklären führt zu einem intrinsisch immateriellen Beweggrund zur Verhaltensänderung. Das Verhalten wird also stabil gezeigt werden, ist aber unter Umständen recht aufwendig und nur mit großem Zeitaufwand zu erreichen.

Das Gute am Erklären ist, dass es im Unterschied zu den beiden letztgenannten erzieherischen Verhaltensweisen keine negativen Auswirkungen haben kann. Die einzige negative Auswirkung kann lediglich sein, dass das Kind einfach nicht versteht, um was es geht – aber das passiert uns allen mal und ist an sich nicht besonders schlimm.

Das Schwierige daran ist, dass Sie etwas so erklären müssen, dass das Kind das Ganze auch wirklich versteht. Dazu muss die Erklärung auch richtig sein. Ist sie in sich unstimmig, wird das Kind das merken, garantiert!

Außerdem muss das Kind intellektuell genügend weit entwickelt sein, um der Erklärung folgen zu können. Nicht jeder Mensch versteht jeden Gedankengang, auch wenn er in sich stimmig ist – das gilt nicht nur für Kinder.

Regeln für das Erklären
- *Versuchen Sie nur das zu erklären, von dessen innerer Logik Sie selbst überzeugt sind. Ansonsten lassen Sie es lieber gleich.*
- *Erklären Sie so lange, bis Sie sicher sind, dass das Kind den Gedankengang verstanden hat.*
- *Wenn das Kind verstanden hat, warum eine neue Verhaltensweise besser ist, muss das noch lange nicht heißen, dass es sie auch wirklich reizvoller und erstrebenswert findet (obwohl das unglücklicherweise von manchen Pädagogen so erwartet wird). Wenn Sie das in der Realität feststellen, versuchen Sie keinen zweiten Erklärungsversuch, sondern gehen Sie zu einer anderen erzieherischen Verhaltensweise über.*
- *Erklären Sie nur dann, wenn Sie zuverlässig annehmen, dass das Kind von seiner intellektuellen Entwicklung her in der Lage ist, den Gedankengang nachzuvollziehen und zu verstehen.*

8.3.6 Probieren lassen

Jeder Mensch ist neugierig. Man kann annehmen, dass Neugier eine angeborene Grundeigenschaft des Menschen ist. Neugier hat eine große Kraft: Wer etwas herausfindet, fühlt sich innerlich belohnt und wird noch neugieriger. Neugier ist also ein intrinsischer Beweggrund zur Verhaltensänderung. Dies gilt in materieller wie immaterieller Hinsicht. Verhaltensänderungen, die durch Neugier entstanden sind, wirken lange, können aber unter Umständen nur langsam erzielt werden (weil beispielsweise ein langer Prozess des Versuchs und Irrtums dem Ergebnis vorausgegangen ist).

Neugier im Sinne eines Erziehungsmittels einzusetzen, kann also ausgesprochen wirksam sein. Die Sache hat jedoch einen Haken: Neugier ist ein Verhalten, das ganz rasch nachlässt, wenn mit seiner Hilfe nur schlechte Erfahrungen gemacht werden. Man muss also dafür sorgen, dass die Wahrscheinlichkeit für positive Erfahrungen größer ist als die Wahrscheinlichkeit negativer Erfahrungen. Allerdings sollte das geschehen, ohne dass der erzieherische Aufwand hinter der Situation auffällt und diese künstlich wirken lässt. Dies gilt für beides: für immateriell oder materiell orientierte Verhaltensweisen.

Ein Anlass für eine materiell orientierte Verhaltensweise könnte die Frage sein, wie man am besten ein Schiffchen baut, das auch wirklich schwimmen kann. Ein Anlass für eine immaterielle Verhaltensweise könnte die Neugierde darauf sein, wie man sich verhalten muss, damit man noch freundlicher behandelt wird.

In beiden Fällen kann es notwendig sein, die Ausprobiersituation gewissermaßen ein bisschen zu „frisieren", damit die Erfolgswahrscheinlichkeit größer wird. Eine Werkstatt sollte zum Beispiel schon so ausgerüstet sein, dass die Kinder verschiedene Materialien finden, die

sie in Bezug auf die Schwimmfähigkeit ausprobieren können. Das Neugierverhalten im Hinblick auf verschiedene immaterielle Verhaltensweisen sollte vielleicht mit kleinen und freundlichen Hinweisen begleitet sein, was denn in etwa die „richtige Richtung" für die erwünschte Verhaltensweise sein könnte. Gestaltet man solche Situationen passend, ist Neugier als Beweggrund zur Erprobung verschiedener Verhaltensweisen ein äußerst wirkungsvolles pädagogisches Element. Aber – und das haben Sie vielleicht schon gemerkt – das Ganze wirklich sinnvoll zu gestalten, kann

ganz schön aufwendig sein. Zum Beispiel muss man viel Arbeit in die Gestaltung einer passenden Werkstatt stecken, man muss sich viele Gedanken über das Material machen, das man bereitstellt. Und auch was die immateriellen Verhaltensweisen angeht: Subtile Hinweise für die erwünschte Verhaltensweise zu streuen, ohne den Kindern die Freude am Ausprobieren zu rauben, kann ganz schön aufwendig sein.

Dennoch benutzen manche pädagogische Konzeptionen von Kindergartenarbeit vor allem das materiell orientierte Neugierverhalten als ihr hauptsächlich angewendetes Erziehungsmittel. Einfach deshalb, weil es so extrem wirkungsvoll ist.

Aufgabe
Welche Konzeptionen meine ich wohl? Suchen Sie Beispiele!

Regeln für Neugier
- *Sorgen Sie für eine relativ hohe Erfolgswahrscheinlichkeit in Situationen, in denen die Kinder ihre Neugier ausleben können.*
- *Neugierverhalten kann für materiell wie immateriell orientierte Verhaltensweisen möglich sein. Vor allem bei immateriellen Verhaltensweisen kann es notwendig sein, die erwünschte Verhaltensweise durch Lob zu bekräftigen.*
- *Lassen Sie die Situationen dabei nicht künstlich wirken.*

8.3.7 Anregungen geben

Für „Anregungen geben" gilt - wie für die vier letztgenannten Erziehungsmittel auch -, dass sie eigentlich für sich gesehen noch keine Belohnung darstellen, sondern dass durch diese Verhaltensweise eine Belohnung wahrscheinlich wird . Eine Anregung geben, bedeutet, dass man dem Kind sagt oder zeigt, welches Verhalten (anstelle des alten) in einer bestimmten Situation das richtige ist. Sie geben dem Kind einen Tipp. Danach ist natürlich besonders wichtig, dass man die gezeigte Verhaltensweise auch fleißig lobt. Wie aber geht man damit um, wenn ein Kind die Anregung nicht aufnimmt?

Aufgabe
Überlegen Sie, woran es liegen kann, dass ein Kind eine Anregung nicht aufnimmt, dann haben Sie fast schon von selbst die Antwort auf diese Frage gefunden

In der Praxis spielt diese Frage eine große Rolle – wie oft hören Sie beispielsweise von Eltern die Klage: „Er hört einfach nicht, was ich sage" – das ist dann ganz genau das, wovon ich gerade spreche: Wie müssen Anregungen gegeben werden, damit sie angenommen werden? Wenn ein Kind Anregungen nicht übernimmt, versteht es deren Sinn entweder nicht, erkennt in der Anregung keinen praktischen Nutzwert oder kann den Anreger einfach nicht leiden. In jedem Fall liegt es nicht prinzipiell an der Anregung, sondern immer an begleitenden Eigenschaften.

Das ist wichtig und führt uns zu den Regeln, an die man sich halten sollte.

R

Regeln für Anregungen
- *Eine Anregung sollte immer einen praktischen Nutzwert für das Kind haben („Du hast es damit wirklich leichter.").*
- *Das Kind muss die Anregung verstehen können. Häufig verbindet sich daher die Anregung mit anderen Formen, beispielsweise dem Vormachen oder Erklären.*
- *Das Kind muss Sie mögen. Tut es das nicht, sollten Sie mithilfe eines anderen Erziehungsmittels zunächst ein gewisses Maß an Sympathie erzeugen.*

A

Aufgabe
Welches Erziehungsmittel könnte sich am ehesten dazu eignen? Schauen Sie weiter oben nach!

8.4　Kombinationen von Verhaltensweisen

Wahrscheinlich haben Sie bei der Lektüre dieser Erziehungsmittel bereits selbst festgestellt, dass die meisten in der Regel nicht isoliert angewendet werden, sondern in gegenseitiger Kombination oder einer bestimmten zeitlichen Abfolge. Manche Verhaltensweisen bewirken in ihrer gegenseitigen Kombination eine Art „Turboeffekt". Sie sind gewissermaßen die Wunderwaffe der Pädagoginnen.

A

Aufgabe
Es ist gut, wenn man über wirkungsvolle Kombinationen Bescheid weiß, deshalb bekommen Sie jetzt die Aufgabe, jedes der sieben Erziehungsmittel mit jeweils zwei anderen zu kombinieren und Ihre Kombination zu erklären und zu begründen. Sie haben also am Schluss dieser Aufgabe sieben Kombinationen von Erziehungsmitteln, mit denen Sie in Ihrem Alltag sensationelle Ergebnisse erzielen können.

1. Loben	*5. Probieren lassen*
2. Beschenken	*6. Erklären*
3. Mutmachen	*7. Anregungen geben*
4. Vormachen	

Hier mein Lösungsvorschlag (bitte erst anschauen, wenn Ihre Vorschläge fertig sind):

ein (zufällig gezeigtes) Verhalten **loben** oder **belohnen**	das Gute daran **erklären**	für weitere Verbesserungen **Mut machen**
ein erwünschtes Verhalten **vormachen**	das Gute daran **erklären**	das gezeigte Verhalten **loben** oder **belohnen**
zu einem erwünschten Verhalten **Mut machen**	im vorbereiteten „Raum" (materiell / immateriell) **ausprobieren** lassen	das gezeigte Verhalten **loben** oder **belohnen**
für ein erwünschtes Verhalten **Anregungen geben**	das Gute daran **erklären**	das gezeigte Verhalten **loben** oder **belohnen**
ein erwünschtes Verhalten im vorbereiteten „Raum" **ausprobieren lassen**	das gezeigte Verhalten **loben** oder **belohnen**	für Verbesserungen **Anregungen geben**

Natürlich sind auch noch umfangreichere Kombinationen denkbar. Das Gute an diesen Drei-erkombinationen ist, dass man sie sich im Alltag merken kann. Machen Sie sich zur Regel, diese Kombinationen komplett anzuwenden. Am besten ist es, Sie lernen sie auswendig. Im Laufe der Zeit werden diese Kombinationen Ihnen in Fleisch und Blut übergehen.

8.5 Zwei Beispiele

Ich habe hier noch zwei Beispiele angefügt, die Ihnen zeigen, wie man es richtig macht (grün) und wie es falsch (rot) geschehen könnte (und leider oft genug geschieht), und ich erkläre Ihnen, warum das an dieser Stelle falsch ist (schwarz). Vielleicht wirken die Beispiele ein klein wenig konstruiert, hoffentlich erkennen Sie trotzdem, wie typisch sie eigentlich für die Praxis im Kindergarten sind.

8.5.1 Beispiel 1 – Mit Farben experimentieren

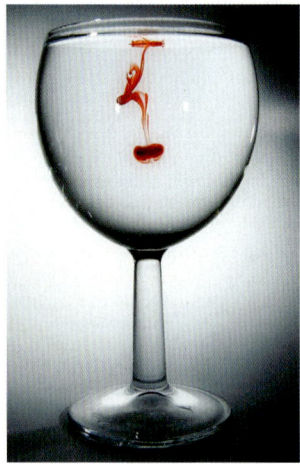  

Beispiel
Frau Müller hat kleine Tiegel mit Farbe vorbereitet, die die Kinder in mit Wasser gefüllte Gläser eintropfen lassen können. Sie gibt den Kindern aber keine Hinweise auf das gewünschte Verhalten, sondern führt immer jeweils drei Kinder in den vorbereiteten Raum.

Frau Müller macht den Kindern vor, was sie in der vorbereiteten Situation tun sollen.

Dadurch, dass Frau Müller den Kindern zeigt, was sie zu tun haben, zerstört sie das Hauptmotiv des Ausprobierens: die Neugier. Wenn sie den Kindern zeigen will, was diese zu tun haben, müsste sie konsequenterweise nach der Kombination vorgehen, die mit „Vormachen" beginnt.

Die Kinder probieren aus – nur nicht das, was Frau Müller plante, aber das ist Frau Müller zunächst nicht wichtig. Frau Müller findet die Versuche der Kinder selbst spannend und zeigt das auch durch Worte und Gesten deutlich.

Solche Angebote finden ja in der Realität oft statt. Dort ist geplant, was die Kinder tun sollen. Tun sie das nicht, werden sie mehr oder weniger deutlich auf die erwünschte Verhaltensweise hingewiesen und (durch Worte oder Gesten) gelobt, wenn sie das machen, was geplant ist.

Auf diese Weise wird nicht die ursprünglich gewünschte Verhaltensweise „Ich bin neugierig und entdecke gerne!" gelobt und bestärkt, sondern eigentlich eine ganz andere Verhaltensweise, nämlich: „Ich leiste den Anweisungen der Erzieherin Folge, ohne mich selbst für die Dinge zu interessieren, die sie mir zeigt." – Ob Frau Müller das wirklich möchte?

Jetzt sagt Frau Müller, dass man die Farben aus den Tiegeln auch ganz langsam nebeneinander in die Wassergläser eintropfen lassen kann und beobachten kann, wie die Farben sich mischen.

Die Kinder haben wenig Spaß an den Versuchen. Frau Müller bricht ab und sagt zu den Kindern: „Morgen bringe ich euch etwas ganz Spannendes mit."

Jetzt belohnt Frau Müller auch noch die Lustlosigkeit der Kinder. Die Kinder lernen dadurch noch eine weitere Verhaltensweise: „Meine Lustlosigkeit führt offenbar zu verstärkten Animationsversuchen der Pädagoginnen – super!"

8.5.2 Beispiel 2 – Höflich um etwas bitten

Beispiel
Die Kinder sind beim Frühstück. Martin hat großen Durst, seinen ersten Becher mit Tee hat er in einem Zug ausgetrunken, jetzt will er mehr und schreit: „Mehr, mehr!"

Frau Müller reagiert gereizt mit der Äußerung: „Martin, kannst Du das gefälligst auch richtig sagen?!"

Frau Müller meint zwar, sie gibt eine Anregung, in der Realität stellt sie eine Frage und regt eigentlich überhaupt nichts an, höchstens ... na ja, warten Sie die klassische Reaktion von Martin ab.

Frau Müller sagt: „Wie wär's du sagst in Zukunft einfach ‚Könnte ich bitte noch etwas zum Trinken bekommen?'."
Frau Müller erklärt dann: „Weißt Du, wenn Du höflich bittest, fühle ich mich besser gelaunt und gebe dir schneller etwas zu trinken, als wenn du mich ärgerst. Du hast also was davon, wenn du bittest."

Frau Müller sagt jetzt: „Man sagt ‚Bitte'."

Jetzt gibt Frau Müller erst die Anregung, wo Sie doch vorher schon so richtig kräftig für eine Trotzhaltung von Martin gesorgt hat, es ist also ziemlich klar, dass Martin die Anregung jetzt bestimmt nicht gut aufnimmt!

Martin sagt die gewünschte Formel, Frau Müller reagiert schnell und sehr freundlich: „Aber gern, Martin!"

Martin sagt trotzig: „Bitte."
Oder schlimmer: Martin sagt: „Nöööh" und grinst frech.

Martin zeigt bestenfalls unwillig das erwünschte Verhalten, lernt aber eigentlich nur „Selbst wenn man ‚bitte' sagt, läuft das Ganze nicht angenehmer ab". Im schlimmsten Fall hat Frau Müller viel Arbeit vor sich, die sie sich auch noch selbst eingebrockt hat, denn schließlich hat sie ja die Trotzreaktion Martins erst provoziert.

Wenn Sie die beiden Beispiele aufmerksam durchgelesen haben, werden Sie gemerkt haben, dass die Unterschiede eigentlich gar nicht so groß waren. Frau Müller war immer engagiert, aber sie hat die Reihenfolge vertauscht und hat nicht über die Wirkung dessen, was sie tat, nachgedacht. Dadurch hat sie zwar genauso viel Aufwand mit ihren Erziehungsmitteln gehabt, aber nicht das Erwünschte erreicht.
Das geschieht häufiger, als man denkt. Und die Auswirkungen sind zum Teil fatal: Man erzieht schon, aber das Falsche. Dann merkt man, dass es in die falsche Richtung gegangen ist und legt das Ruder möglicherweise in eine neue falsche Richtung um, weil man erneut falsch kombiniert.

Der Erfolg in der Erziehung liegt nicht in irgendeinem geheimnisvollen Talent, das jemand hat oder nicht hat, oder in seiner mehr oder weniger sympathischen Ausstrahlung, sondern darin, dass man sich zunächst theoretische Vorgedanken gemacht hat (Teil I dieses Buches) und dass man die daraus sich ergebenden Ziele durch Kombinationen erzieherischer Verhaltensweisen umsetzt, die in sich stimmig sind.

A *Aufgabe*
Wenn Sie die Zeit dazu haben, sollten Sie für jedes der oben genannten sieben Erziehungsmittel Beispiele aus Ihrem Alltag suchen, bei denen die Kombination gelungen war und Beispiele, bei denen die Erziehungsmittel falsch kombiniert wurden. Je mehr Sie über diese Dinge nachdenken, umso erfolgreicher werden Sie und umso weniger aufreibend ist die Erziehungsarbeit für Sie!

9 Erziehung durch Strafen?

In diesem Kapitel betrachten wir ein offiziell ziemlich unpopuläres Erziehungsmittel – mit einer hohen Dunkelziffer: das Strafen. Wegschauen bringt nichts. Im Gegenteil: Wir werden uns dieses Erziehungsmittel offen anschauen und die Vor- und Nachteile genau analysieren.

Kann man eigentlich überhaupt „richtig" strafen, oder sollte man Strafe nicht möglichst ganz aus dem Repertoire der Erziehungsmittel streichen? Diese Frage wird zu Recht häufig gestellt.

Die Realität sieht jedoch anders aus, als diese Diskussion vermuten lässt: Gestraft wird viel, auch wenn man es nicht so nennt. Und gestraft wird oft falsch und das lässt sich keineswegs nur auf das Bestrafen durch körperliche Gewalt begrenzen. Vor rund zehn Jahren hat sich die damalige Bundesregierung intensiv Gedanken darüber gemacht, wie man das

Gefährliche an Strafen in der Erziehung verbieten kann. Ich war damals als Sachverständiger in die entsprechende Kommission im Reichstag eingeladen und habe diese Diskussionen selbst miterlebt. Herausgekommen ist das Gesetz zur Ächtung von Gewalt in der Erziehung. Im §1631 des Bundesgesetzbuches lesen wir in Absatz 2:

„Kinder haben ein Recht auf gewaltfreie Erziehung. Körperliche Bestrafungen, seelische Verletzungen und andere entwürdigende Maßnahmen sind unzulässig."

Im Kern geht es also darum, entwürdigende Maßnahmen in der Erziehung zu verbieten. Das schließt nicht Strafe allgemein aus, sondern *entwürdigende* Strafe und das ist ein Unterschied, dem wir uns in diesem Kapitel widmen möchten.

Es ist gut, dass es dieses Gesetz gibt. Erziehung mithilfe von entwürdigenden Strafen ist ein Frevel. Nur muss man sich klar machen, dass das, was in dem Gesetz als „entwürdigend" gemeint ist, manchmal in ganz alltäglichem Gewand daherkommt und von Vielen daher überhaupt nicht als unzulässig wahrgenommen wird. Ein Beispiel gefällig?

Beispiel
Sarah und Florian sind mit ihren Eltern bereits seit zwei Stunden auf der Autobahn unterwegs und quengeln unentwegt. Die Eltern sind an der Grenze ihrer Belastbarkeit angekommen. Der Vater ist völlig entnervt und die Mutter schreit: „Wenn ihr jetzt nicht ruhig seid, schmeißen wir euch an der nächsten Raststätte raus, dann könnt ihr sehen, wie ihr nach Hause kommt!"

Na, ist das nicht fürchterlich? So etwas geschieht aber häufiger, als man es sich denkt. Die Mutter meint vielleicht: „Das war doch nur so dahergesagt, das wissen die Kinder ja auch." Wissen Sie es wirklich?

Beispiel
„Wenn Du jetzt nicht brav bist, habe ich dich nicht mehr lieb."

Woher soll ein Kind wissen, ob das nicht tatsächlich stimmt? Und ist das dann nicht furchtbar? Einfach bloß so dahergesagt – aber entsetzlich, grausam und absolut entwürdigend. Solche Dinge geschehen leider viel häufiger, als wir uns das auszudenken vermögen.

Was hilft also ein Recht auf gewaltfreie Erziehung, wenn wir nicht erkennen, wo wir Gewalt anwenden? Es ist gut und richtig, dass Gewalt in der Erziehung verboten ist, aber um dieses Verbot wirkungsvoll durchzusetzen, müssen wir das Wesen der Gewalt zumindest ein bisschen genauer betrachten. Wie Sie sehen werden, können wir aus dieser Untersuchung dann sogar ein paar sinnvolle und hilfreiche Erziehungsmittel ableiten.

9.1   Was ist das Schlimme an Gewalt? Was ist das Schlimme an einer Strafe?

A   *Aufgabe*
Denken Sie doch einmal selbst darüber nach: Was ist Ihrer Meinung nach das Schlimme an Gewalt? Was ist das Schlimme an Strafen?

Möglicherweise haben Sie herausgefunden, dass das Schlimme an der Gewalt ist, dass sie physischen oder psychischen Schmerz erzeugt.

Aber das kann so nicht stimmen, schauen Sie doch mal auf dieses Beispiel:

Beispiel
Kennen Sie Skateboarder? Um das Skateboard zu beherrschen, muss man üben und üben und üben – und bei dieser Sportart bedeutet das einen Sturz nach dem anderen, ein aufgeschlagenes Knie und eine Platzwunde an der anderen.

Die Leute, die die Beherrschung eines Skateboards trainieren, nehmen die Schmerzen nicht nur in Kauf, sie prahlen manchmal sogar mit ihnen.

Vielleicht haben Sie weiter nachgedacht und herausgefunden, dass das Schlimme an der Strafe die Würdelosigkeit und Unterlegenheit ist, die man im Moment der Strafe erleiden muss. Aber auch das kann so nicht stimmen und das zeigt wieder ein Beispiel:

Beispiel
Kennen Sie Leute, die japanische Kampfsportarten betreiben? Oder Ringkämpfer? Oder begeisterte Schachspieler? Um in diesen Disziplinen (und in vielen mehr) besser zu werden, muss man sich sehr, sehr häufig buchstäblich auf die Matte legen lassen, sich niederringen lassen, sich geschlagen geben. Alles Zustände, in denen die Würde der Verlierer zumindest für einen Augenblick lang völlig am Boden liegt.

Ich denke, dass das Schlimme an der Strafe oder an der Gewalt nicht die Würdelosigkeit im Moment der Strafe ist. Ich meine vielmehr, dass das, was eine Strafe oder Gewalt so schrecklich macht, das Bewusstsein oder das Gefühl ist, dass man keine Chance hat, sich selbst aus diesem Zustand herauszubewegen!

Nehmen Sie den Skateboarder: Er trainiert das Ganze doch nur in der Hoffnung, eines Tages der Held der Boarder zu sein und den Frontside Lipslide besser als jeder andere hinzubekommen. Würde er diese Hoffnung nicht haben, wäre er sicher, dass er niemals aus dem Zustand des „Schon wieder weh-getan" heraus kommen würde, wäre das Training eine fürchterliche Strafe, eine echte Form von Gewaltanwendung. Genauso auch der Ringer: Würde er wissen, dass er immer der Besiegte sein müsste, würde ihm das  Ringen als unendlich entwürdigende Strafe vorkommen.

Merksatz
Das eigentlich Schlimme an der Gewalt ist nicht die unmittelbare Gewalt, sondern die dauerhafte Ausweglosigkeit eines Zustands, in dem sich jemand der Gewalt ausgesetzt sieht.

Anders formuliert wird aber die pädagogische Dimension der Strafe als mögliche erzieheri-sche Verhaltensweise erkennbar:
Hat ein Mensch nämlich die berechtigte Hoffnung, aus einem Zustand herauszukommen, der sich durch Gewalt oder Strafe für ihn unangenehm gestaltet, kann diese Hoffnung zu einem starken Beweggrund für das Handeln werden, das ihm dazu verhelfen kann.

Damit hätten wir einen Beweggrund für ein durch Strafe ausgelöstes Handeln herausgefun-den. Wenn Erziehung das Schaffen von Beweggründen für Handeln ist, könnten also unter gewissen Umständen auch Strafen oder Gewalt zu einer geeigneten Verhaltensweise führen, wäre Strafe also – richtig angewandt – ein legitimes und geeignetes Erziehungsmittel.

Allerdings muss uns klar sein:
Wer Strafe ausübt, versetzt einen Menschen immer in mehr oder weniger starkem Ausmaß in einen hoffnungslosen Zustand (sonst wäre es keine Strafe). Diese Verantwortung trägt, wer straft. Die Verantwortung muss man also vor sich selbst und dem Bestraften jederzeit rechtfer-tigen können. Sie sollten das nie vergessen!

9.2 Warum Strafe meistens ungeeignet ist

Strafe ist übrigens in den meisten Fällen sowieso nicht das beste Erziehungsmittel. Denn Strafe hat neben dem Merkmal der Hoffnungslosigkeit auch noch eine andere Eigenschaft, die sie von allen anderen Erziehungsmitteln unterscheidet und die sie für die Erziehung – abgesehen von ihrer moralischen Bedenklichkeit – ungeeignet macht:

Merksatz
Strafe wirkt, weil sie zwingt. Der Bestrafte hat in der Regel keine Wahl.

Der Bestrafte ändert sein Verhalten nicht aus einer freien Willensentscheidung heraus, sondern wird durch die Strafe zu einem bestimmten Verhalten gezwungen. So funktioniert Strafe: durch Zwang, das ist ihr Wesen. Und das hat zur Konsequenz, dass das erwünschte Verhalten vom Bestraften nie aus innerer Überzeugung heraus gezeigt wird, sondern immer nur aus Furcht vor erneuter Strafe. Und das macht Strafe für eine dauerhafte Verhaltensänderung ungeeignet: Sie motiviert nicht zu einem intrinsischen Prozess. Der Bestrafte *will* das geänderte Verhalten nicht aus sich heraus, sondern zeigt es nur wegen der Furcht vor äußerlichem Zwang.

Wer also versucht, mit Hilfe von Strafen die Verhaltensweisen von Menschen dauerhaft zu ändern, muss wissen, dass der Grund für die Verhaltensänderung immer nur die Furcht vor der Strafe ist. Dadurch ist die Verhaltensänderung nicht stabil, denn sobald die Furcht vor der Strafe wegfällt, wird das alte Verhalten wieder gezeigt.

Jetzt gibt es Fälle, in denen Menschen trotz der Furcht vor der Strafe das erwünschte Verhalten nicht zeigen.

A *Aufgabe*
Suchen Sie Beispiele dafür. Die Suche wird übrigens einfacher, wenn Sie Beispiele aus der Erwachsenenwelt wählen.

Solche Fälle findet man bei Kindern aber eigentlich nur dann, wenn entweder das bisher gezeigte Verhalten dem Kind so wertvoll, oder ihm das erwünschte Verhalten so unangenehm ist, dass es lieber die Strafe in Kauf nimmt.

Beispiel
Stephan ist mit seiner Mutter beim Metzger. Während die Mutter die Waren aussucht, krabbelt Stephan auf die Theke. Das will die Mutter nicht und ruft ihm zu: „Stephan, runter von der Theke!" Stephan grinst: „Nein." Die Mutter: „Wenn du nicht runtergehst, bekommst du keine Wurstscheibe." Stephan: „Ist mir egal, ich geh nicht runter."

In so einer Situation kommen wir in eine Zwickmühle. Der einzige Weg, durch Strafen doch noch das erwünschte Verhalten zu erreichen, bestünde darin, die Härte der Strafe zu steigern – aber wer will das schon? Außerdem ist in solchen Fällen beim Kind ja ein ziemlich bewusster Denkprozess vorausgegangen, in dem es sich dazu entschieden hat, die Strafe in Kauf zu nehmen. Wir können also davon ausgehen, dass in solchen Fällen jemand gründlich nachgedacht hat und demzufolge nachdenken *kann*.

Wenn aber jemand schon so gründlich nachdenken kann, dann müsste er doch eigentlich auch einer sinnvollen Argumentation zugänglich sein, oder? Dann könnte es doch auch gelingen, diesen Jemanden durch Erklären zu einem neuen Verhalten zu bewegen, was neben dem Verzicht auf den unangenehmen Aspekt der Gewalt obendrein den Gewinn hätte, dass das neue Verhalten intrinsisch und damit viel stabiler wäre, als wenn es durch Strafe erzwungen worden wäre.

Naja, aber wie Sie eben im Beispiel gesehen haben, kann man nicht immer ausdauernd argumentieren. Also doch lieber die Strafe?

Beispiel
Die Mutter schnappt sich Stephan unsanft und stößt ihn mit einer gewissen Wucht wieder auf den Boden vor der Theke und sagt: „Freundchen, du gehorchst mir gefälligst!" Dann wendet sich die Mutter mit bleicher Nasenspitze wieder dem Einkauf zu, während Stephan leise etwas vor sich hinrummelt und von der Theke wegbleibt.

Sie sehen, Strafe ist nicht unbedingt das beste Mittel der Wahl, aber es gibt Fälle, wo sie sinnvoll sein kann. Diese Fälle wollen wir uns im Folgenden etwas systematischer betrachten.

9.2 Wann Strafe geeignet ist

9.2.1 Wenn man dadurch unmittelbar drohendes Unheil verhindern kann

Dazu erst ein Beispiel:

Beispiel
Jasmin darf mit ihren Eltern in den Zoo. Doch vor dem Haupteingang ist eine große Verkehrsstraße und die Fußgängerampel steht auf Rot. Jasmin rennt trotzdem los. Ein Auto kommt. Der Vater sieht das und reißt Jasmin zurück – und tut ihr dabei richtig weh. Jasmin kugelt sich das Schultergelenk aus.

Sinnvolle Strafe? Was heißt in diesem Fall überhaupt Strafe?!
Strafe ist dann sinnvoll, wenn sie angewendet wird, um ein unmittelbar drohendes Unheil zu verhindern und dabei die Strafe das Geringere der beiden Übel ist. Was ist besser: ein ausgekugelter Arm oder ein (tödlicher) Verkehrsunfall?

Gerade durch die besondere Eigenschaft der Strafe, die freie Wahl zu verwehren, weist sie im Vergleich zu anderen Erziehungsmitteln einen klaren Vorteil auf: Der (manchmal zeitraubende) Vorgang der freien Entscheidungsfindung, der bei allen anderen Erziehungsmitteln stattfindet, fällt bei der Strafe weg (denken Sie auch an das Beispiel mit Stephan). Strafe lässt keine Wahl und das sehr schnell. Mit Strafen können Sie am schnellsten eine Verhaltensänderung erzwingen.
Allerdings muss man dabei in Kauf nehmen, dass für die Verhaltensänderung ein möglicherweise hohes Maß an Zwang notwendig sein kann – Zwang, der unter anderen Umständen absolut verwerflich wäre. Wer würde schon das „Auskugeln eines Schultergelenkes" als erlaubtes Erziehungsmittel akzeptieren – wenn es nicht darum gegangen wäre, Jasmin vor einem schweren Verkehrsunfall zu bewahren?

Außerdem erzeugt der Moment der Strafe im Bestraften immer ein Gefühl der Hoffnungslosigkeit. Dieses Gefühl lässt meistens schnell nach, aber es kann doch einen einschneidenden Eindruck hinterlassen. Egal, wie sehr Jasmin ihrem Papa vertraut und ihn lieb hat – sie wird vielleicht nie mehr vergessen, mit welcher brutalen Gewalt der Vater sie zurückgerissen hat (selbst wenn sie einsieht, dass es notwendig war). Das führt mich bereits an dieser Stelle zu einem Punkt, den ich später noch gründlich erklären werde, aber er ist so wichtig, dass Sie ihn ruhig mehrmals lesen können:

Regel **R**
Nach der Strafe muss unbedingt alles wieder gut sein!

Hat die Strafe die erwünschte Verhaltensänderung bewirkt, muss die Hoffnungslosigkeit, die mit ihr einher geht, sofort aufgelöst werden, sonst wird das Ganze zu einem absolut schädlichen Vorgang.

Beispiel
Der Papa darf Jasmin nach dem brutalen Zurückreißen nicht auch noch anschreien, sondern er muss sie umarmen und seine Dankbarkeit äußern, dass Jasmins Leben gerettet ist – und sich sofort um den Arm kümmern.

Dazu aber später mehr.

9.2.2 Wenn das unerwünschte Verhalten für den Bestraften nicht besonders wertvoll ist (denn sonst würde die Strafe zu brutal werden)

Beispiel
Die drei Lümmel Lars, Benno und Felix haben gelernt, wie man durch Luftschlucken auf Knopfdruck rülpsen kann. Begeistert führen sie sich das gegenseitig während dem Frühstück vor und lösen dadurch ein Riesendurcheinander bei den anderen Kindern aus. Sie reagieren mit: „Wer rülpst, darf nichts essen und muss so lange alleine in die Bauecke." Lars rülpst nochmal – Sie machen Ihre Drohung wahr. In Zukunft lässt Lars die Rülpserei beim Frühstück und probiert das nur noch begeistert draußen im Freien aus.

Klar, dass Sie das Rülpsen durch eine Strafe nicht völlig verbieten können. Strafen wirken nicht durch Einsicht, sondern durch den Zwang. Aber wenn Sie eine schnelle Verhaltensänderung wollen, weil beispielsweise sonst das Durcheinander in der Frühstücksrunde völlig überhand nehmen würde, warum dann nicht eine verhältnismäßig leichte Strafe einsetzen? Schon richtig, sie erzeugt keine Einsicht, aber dafür wirkt sie viel schneller, als alle anderen Erziehungsmittel.

Natürlich muss die Verhältnismäßigkeit gegeben sein. Strafen müssen gewissermaßen immer mehr wiegen, als das gezeigte Verhalten. Wenn also das gezeigte Verhalten dem Kind besonders wertvoll ist, muss die Strafe besonders schwer sein und da erreichen wir Regionen, wo die Strafe einfach zu hart werden würde. Ich will an dieser Stelle keine Diskussion über die Frage anfangen, welche Strafe noch verhältnismäßig zumutbar ist und welche nicht. Diese Information gibt Ihnen an der Außengrenze das oben zitierte Gesetz. Ich empfehle Ihnen, sich immer in einem guten Sicherheitsabstand zu dieser Grenze zu bewegen.

9.2.3 Wenn die Strafe so gewählt ist, dass währenddessen auch andere Erziehungsmittel angewendet werden können

Ein klassisches Beispiel:

Beispiel
Vanessa hat heute ihren absoluten Quengeltag. Die Eltern drohen ihr: „Wenn du uns weiter so auf die Nerven gehst, dann sperren wir dich in dein Zimmer und du darfst erst wieder heraus, wenn du lieb bist."

Das Beispiel kennen Sie alle, manche unter dem Namen „Zimmerarrest", manche unter dem neudeutschen Begriff „Time-Out", ich möchte hier und im Folgenden den Begriff „Auszeit" verwenden. Diese Strafe ist so häufig, dass ich über sie Genaueres schreiben möchte. In der Abschnittsüberschrift habe ich geschrieben, dass Strafen dann möglich sind, wenn während der Dauer auch noch andere Erziehungsmittel eingesetzt werden können. Das ist das Gute an der Auszeit, bei ihr können tatsächlich noch andere Erziehungsmittel zur Geltung kommen. Das ist aber auch gleichzeitig die Gefahr dabei: Macht man es falsch, d. h. es kommen keine anderen Erziehungsmittel zum Einsatz, kann selbst so eine verhältnismäßig „milde" Strafe unangemessen grausam und entwürdigend werden.

Was ist generell zu beachten? Was haben wir gelernt?

Nun, zunächst mal müssen wir die Gefahr der Hoffnungslosigkeit von Strafen vermeiden. Wie erlebt ein Kind ein Zimmer, in dem es alleine eingesperrt ist? Vielleicht sogar bei verriegelter Tür? Vergleichen Sie dieses Gefühl mit demjenigen eines Kindes, dass in sein Zimmer muss, ohne dass die Tür verschlossen wird, vielleicht nur angelehnt. Dem obendrein gesagt wird: „Wenn du wieder lieb bist, kannst Du rauskommen". Im zweiten Fall hat das Kind Hoffnung, im ersten Fall erscheint ihm die verschlossene Tür als absolute Barriere – die Hoffnungslosigkeit ist unverhältnismäßig. Erwachsene ahnen, dass eine verschlossene Tür auch bald wieder aufgehen wird. Für Kinder ist eine verschlossene Tür eine endgültige und unumkehrbare Tatsache – eine grausame Vorstellung. Das darf nicht sein!

Als nächstes müssen wir beachten, dass alles sofort wieder gut sein muss, sobald das erwünschte Verhalten gezeigt wird. Wie soll man das aber überhaupt herausfinden, wenn es um ein Kind geht, das sich auf der anderen Seite einer verschlossenen Tür befindet? Viel einfacher geht das doch, wenn das Kind (im Rahmen seiner Möglichkeiten) die Chance bekommt, selbst zu äußern, ob es das erwünschte Verhalten („Ich bin wieder lieb.") schon zeigen kann, oder noch Zeit braucht. Marschiert es in dieser Stimmung „Ich bin wieder lieb", aus dem Zimmer, kann es sich gleich selbst die Belohnung abholen (Alles-ist-wieder-gut-Geknuddel).

Beziehen wir weitere gelernte Merkmale von Strafe in unsere Gedanken über die Auszeit ein: Die Strafe übt Zwang aus. Andere Erziehungsmittel geben Gelegenheit zur freien Entscheidung. Indem Sie das Kind nur in das unverschlossene Zimmer sperren, vermindern Sie nicht nur die Hoffnungslosigkeit, Sie geben ihm dadurch die Gelegenheit zu einem Denkprozess. Und das ist genau der Moment, wo ein zusätzliches Erziehungsmittel seine Wirkung entfalten kann. Das Belohnen. Das Kind bekommt die reelle Chance, sich eine Belohnung (Alles-ist-wieder-gut-Geknuddel) zu holen, indem es das erwünschte Verhalten zeigt. Und dieses Verhalten ist dann nicht mehr durch die Strafe erzwungen, sondern intrinsisch motiviert. Das Kind wird **selbst** bald beschließen, wieder lieb sein zu wollen.

Vielleicht wenden Sie ein, dass ein frecher Lümmel die Chance wittert, noch frecher sein zu können, und einfach durch die unversperrte Tür spaziert und gerade so weitermacht, wie zuvor. Täuschen Sie sich da mal nicht. Erst das Gefühl der Hoffnungslosigkeit (in einem abgesperrten Zimmer) erzeugt oft die Aggression, die ein Kind braucht, um unerlaubterweise durch die Tür zu gehen. Das Kind wird eher die verschlossene Tür ramponieren als durch die offene Tür hindurchzugehen. Im ersten Fall hat es keine Hoffnung, im zweiten die freie Wahl – das ist ein Riesenunterschied!

Das Beispiel „Auszeit" lässt sich übrigens auf viele andere Situationen übertragen. An dieser Stelle möchte ich aber lieber noch auf eine andere Form vom Strafe eingehen, die ähnlich verbreitet ist und deshalb ähnlich gründlich betrachtet werden muss wie die Auszeit.

9.2.4 Wiedergutmachung als Strafe?

Wiedergutmachung ist eine mitunter als besonders „pädagogisch wertvoll" angesehene Strafe, die ich selbst aber als eher problematisch empfinde. Warum, das will ich Ihnen hier erläutern.

Dazu erst ein paar Beispiele:

Beispiel
Larissa hat Kai das Dreirad weggenommen, mit dem dieser hingebungsvoll seine Runden gedreht hat. Es gibt ein großes Geschrei, Sie sehen das und zwingen Larissa ganz ruhig, Kai das Dreirad wieder zurückzugeben.

Eine klassische Wiedergutmachung. Jetzt vergleichen Sie das mal mit folgender Situation:

Beispiel
Anstatt ruhig zu bleiben, schimpfen Sie Larissa ganz kräftig und zwingen sie dann, Kai das Dreirad zurückzugeben.

Meine Frage hierzu: Wogegen richtet sich der Zorn Larissas im ersten Fall und wogegen im zweiten Fall? Im ersten Fall ist Larissa auf Kai wütend (und lässt ihn das in einem unbemerkten Augenblick vielleicht auch noch spüren). Im zweiten Fall ist Larissa auf Sie wütend – und wer kann mit der Wut Larissas besser umgehen? Im ersten Fall besteht die Strafe in dem Zwang, etwas wieder gut zu machen, im zweiten Fall besteht die Strafe im Geschimpfe. Ich denke, der zweite Fall ist besser, weil die Aggression, die durch den Zwang bei Larissa entsteht, bei Ihnen besser aufgehoben ist, als bei dem kleinen Kai.

Ein anderes Beispiel:

Beispiel
Sophia, die die Fensterscheibe eingeworfen hat, muss die neue Fensterscheibe von ihrem eigenen Taschengeld bezahlen.

Was ist an dieser Form von Strafe verkehrt? Sagen wir, eine neue Fensterscheibe kostet 20 Euro, Sophia bekommt aber nur 2 Euro Taschengeld. Dann muss sie 10 Wochen dafür büßen, dass sie die Fensterscheibe zerstört hat und zehnmal die Machtlosigkeit erleben, dass man ihr das gesamte Taschengeld entzieht (auch das kann ein Gefühl von Hoffnungslosigkeit sein). Ich glaube nicht, dass hier die Verhältnismäßigkeit gegeben ist. Für uns als Erwachsene sind 20 Euro keine große Summe – für ein Kind stellt das ein Vermögen dar. Will sagen: Manchmal ist die Aufgabe der Wiedergutmachung einfach unverhältnismäßig schwer.
Etwas wieder gut machen – kann man das überhaupt? Überlegen Sie mal für Ihr eigenes Leben, wo Sie verletzt wurden. Kann man das wirklich wieder gut machen? Ich glaube, viel besser ist immer eine Art „Neuanfang". Wenn es Erwachsenen nicht gelingt, etwas tatsächlich wieder gut zu machen, sollten wir es Kindern nicht unbedingt zumuten, oder? Trotzdem kann Wiedergutmachung ein wirkungsvolles Erziehungsmittel sein, dazu später mehr.

9.3 Was man bei Strafen beachten muss: Regeln bei der Erteilung von Strafen

Nach diesen Abschnitten finde ich es an der Zeit, Regeln zu formulieren, an die Sie sich generell bei der Verwendung von Strafen halten sollten. Man kann hier relativ einfach aber wenig hilfreich formulieren, dass Strafen generell nicht entwürdigend sein dürfen. Ich finde das aber insofern problematisch, als dadurch noch nicht beantwortet ist, wodurch man seine Würde verliert. Deshalb müssen wir uns zunächst darüber Gedanken machen.

9.3.1 Strafen dürfen nicht entwürdigen, d. h. sie müssen eine Hoffnung bieten

Ich denke, dass man ganz einfach dadurch dem Kind innerhalb einer Strafe seine Würde lässt, indem ihm Kind die Information gibt, wie es aus der unangenehmen Situation, die die Strafe nun einmal darstellt, garantiert wieder herauskommt. Dieser Ausweg aus der Strafe muss für das Kind gangbar sein, es muss das selbstwirksam erreichen können und er muss dem Kind bereits während der Strafe bekannt sein. Wenn das Kind weiß: „Ich komme da raus, wenn ich will und mich auf eine bestimmte Weise verhalte", und dieser Ausweg für das Kind keine unerträgliche

Zumutung darstellt, dann behält es seine Würde. Wenn es jedoch keine Chance auf selbstwirksame Befreiung aus dem unangenehmen Zustand hat und wenn das erwünschte Verhalten dem Kind nicht zumutbar ist, dann entsteht Würdelosigkeit und damit ist Strafe absolut tabu.

Hierzu ein privates Beispiel:

Beispiel
Ich hatte mal als kleiner Junge einen spielerischen Ringkampf mit meinem Vater, in dessen Verlauf ich von ihm in den Schwitzkasten genommen wurde. Mein Vater sagte dann (vermeintlich pädagogisch wertvoll): „Sag ‚Ich ergebe mich!' und ich lasse dich frei." Aber das konnte ich nicht, denn ich konnte es nicht ertragen, mich meinem Vater zu ergeben. Ernsthaft: Selbst in dieser Ringkampfsituation erschien es mir absurd, dass man sich einem Vater ergeben müsse, man muss von seinem Vater doch geliebt werden. Und sich jemandem zu ergeben, von dem man sich geliebt wissen will, schien mir unannehmbar. Ich ergab mich nicht. Mein Vater bleib hart. Das Ganze hat locker eine Stunde gedauert, und ich habe es bis heute als einen der würdelosesten Zustände in meiner Kindheit nicht vergessen. Tja, so war das damals ...

Regel   **R**
1. Regel zur Verwendung von Strafe:
Wenn Sie eine Strafe erteilen, formulieren Sie immer klare Bedingungen, unter denen die Strafe aufgelöst wird. Diese Bedingungen müssen für das Kind einhaltbar und leistbar sein. Wenn nicht, lassen Sie die Strafe sein! Eine Strafe ohne Rettungsweg ist unmenschlich und verwerflich

9.3.2 Nach der Strafe muss alles wieder gut sein

In der Realität ist es oft so, dass selbst nachdem das erwünschte Verhalten vom Kind gezeigt wird, immer noch so eine Art „dicke Luft" herrscht. Das ist völlig falsch! Man muss sich nur überlegen, was durch diese dicke Luft im Kind für Gedanken in Gang gebracht werden. Es lernt ja nur: „Selbst wenn ich das erwünschte Verhalten zeige, ist danach immer noch alles blöd." Es wird also alle Strafsituationen als unangenehm wahrnehmen und immer unwilliger werden, durch eine Strafe tatsächlich sein Verhalten zu ändern („Das lohnt sich ja eh nicht!"). Es ist absolut wichtig, dass dann, wenn das erwünschte Verhalten vom Kind gezeigt wird, sofort alles gut ist. Und zwar bedingungslos und auch dann, wenn Ihnen gar nicht danach ist. Selbst dann, wenn das erwünschte Verhalten nur teilweise gezeigt wird, halte ich es für absolut notwendig, sofort eine dramatische Wetterverbesserung einzuleiten. Das Kind soll lernen: „Auch Strafen gehen vorbei, wenn ich mich ändere."

Regel
2. Regel zur Verwendung von Strafe:
Wird das erwünschte Verhalten gezeigt, muss alles wieder gut sein. Drücken Sie die „Reset-Taste"!
Wenn Sie das innerlich nicht schaffen, lassen Sie von jemand anderem gutes Wetter machen. Aber gutes Wetter muss sein.

9.3.3 Halten Sie Maß!

Ein berühmter Pädagoge hat als eine der Eigenschaften von Schule formuliert, sie habe unter anderem auch die Funktion, Kinder zu sortieren (übrigens heißt er Helmut Fendt) – nach Ihrer Leistungsfähigkeit oder anderen Kriterien. Das mag für die Schule gelten oder auch nicht, für den Kindergarten gilt es garantiert nicht!
Ein Kindergarten ist genau das, was der Name sagt – ein Garten und kein Schlachthaus. In einem Garten soll es nach Möglichkeit schön sein und nicht schrecklich, oder hoffnungs- oder gar würdelos. Strafen und Kindergarten passen in etwa so gut zusammen wie Bulldozer und Blumenbeet. Halten Sie Maß, seien Sie ein Gärtner, der die ihm anvertrauten Pflänzchen liebt und sie höchstens mit Hacke und Sauzahn in die Schranken weist, aber kein Hoch- und Tiefbauer, der mit der Planierraupe alles plattwalzt sodass jahrelang nichts Schönes mehr Wurzeln schlagen kann.

Regel
3. Regel zur Verwendung von Strafe:
Wenn Sie Strafen erteilen, prüfen Sie sich selbst und fragen sich, ob die Strafe lediglich Ausdruck Ihrer Aggression ist. Sind Sie wirklich in einem Zustand der echten Aggression, lassen Sie die Strafe unbedingt sein. Formulieren Sie das Strafmaß nur, wenn Sie zu einer vernünftigen Formulierung in der Lage sind.
Denken Sie daran: Mit Strafen kann man Kinder zerstören.

9.4   Erziehungsmittel, um zu strafen

Wenn wir auf den Gesetzestext zurückkommen, den wir zu Beginn dieses Kapitels gelesen haben, dann ist das Verwerfliche an der Strafe (und auch andere Erziehungsmittel könnten hier verwerflich sein), dass sie unter Umständen entwürdigend ist. Wir haben gelernt, worin diese

Entwürdigung besteht. Ich will Ihnen am Ende dieses Kapitels ein paar konkrete Erziehungs-mittel beschreiben, die ich als Strafe bezeichnen würde und die unter Beachtung bestimmter Punkte einerseits sehr wirkungsvoll und andrerseits nicht entwürdigend sind. Vielleicht gibt es an dieser Stelle auch noch weitere Erziehungsmittel, vielleicht fällt ja Ihnen noch mehr dazu ein? Vollständigkeit kann ein Buch über Erziehung sowieso nicht bieten, deshalb hier nur ein paar Vorschläge.

9.4.1 Schimpfen

Ich finde Schimpfen richtig gut. Wenn ich schon strafen muss, dann schimpfe ich ger-ne. Allerdings muss man ein paar Regeln dringend einhalten:

Regel
*1. Schimpfen Sie nur, wenn Sie prinzipiell gut
    drauf sind.*

Schimpfen darf nicht Ihr normaler Tonfall sein, denn Schimpfen wird erst dadurch wir-kungsvoll, dass es eine völlig andere Kommunikationsform ist, als die, die Sie üblicherweise verwenden. Schimpfen Sie nur, wenn Sie jemand sind, der in der Regel gut drauf ist und seinen Beruf und die Kinder liebt.
Geht es Ihnen aber gerade nicht so gut, haben Sie Ärger in der Familie oder werden von Sor-gen geplagt, sollten Sie das Schimpfen sein lassen, denn dann kann es gut passieren, dass das geschimpfte Kind für Ihr sonstiges Unglück mitbüßen muss, ohne dass Sie das beabsichtigt haben. Wenn es Ihnen nicht gut geht und Sie in der falschen Stimmung sind, übergeben Sie den Fall einer Kollegin.

Regel
2. Schimpfen Sie nie, wenn Sie Ihren Drang zu schimpfen, nicht mehr kontrollieren können.

Schimpfen Sie nur, wenn Sie durch Ihr Schimpfen bewusst einen abschreckenden Effekt erzielen wollen. Sie dürfen beim Schimpfen ruhig wütend sein, aber nie – nie! – unkontrol-lierbar wütend. Sie müssen in der Lage sein, sofort auf gutes Wetter umzuschalten, wenn das erwünschte Verhalten gezeigt wird. Fragen Sie sich im Moment des Schimpfens: „Könnte ich selbst sofort wieder lieb sein?" – Wenn nicht, wären eigentlich Sie es, die eine Strafe dafür verdiente, Kinder auszuschimpfen …

Regel
3. Schimpfen Sie kräftig.

Schimpfen muss man bemerken können. Ihr Schimpfen muss einen absolut klaren Unterschied zu ihrem normalen Tonfall markieren. Die Kinder müssen sofort erkennen können „Oouh, dicke Luft!" Lassen Sie die Grauzone zwischen Schimpfen und Normalzustand möglichst unbenutzt. Beim Schimpfen noch die Beherrschung zu haben, bedeutet auf gar keinen Fall einen müh-sam unterdrückten leisen Tonfall – es gibt wenig Schlimmeres als so eine verkrampfte Aggres-sion. Die Lautstärke ist es nicht, durch die Beherrschtheit oder Unbeherrschtheit sich unter-scheiden lassen.

R *Regel*
4. Schimpfen Sie nur das Kind, das Sie herzlich lieb haben.

Kinder brauchen auch während sie ausgeschimpft werden, die unterschwellig vorhandene Sicherheit und Geborgenheit, dass der Schimpfende sie herzlich lieb hat. Ist das der Fall, strahlt man das nämlich auch noch unterschwellig aus, während man schimpft. Mit Kindern, die man nicht lieb hat, sollte man nicht schimpfen, sondern nachdenken, was man alles unternehmen kann, damit man sie lieb gewinnt. In der Regel gelingt das dadurch, dass man Mühe und Arbeit in diese Kinder investiert (aber das nur nebenbei).

R *Regel*
5. Schimpfen Sie konstruktiv.

Schimpfen Sie immer in Verbindung mit der Information darüber, was die erwünschte Verhaltensweise als Folge des Schimpfens sein soll: „Sag mal, was ist denn das für ein Saustall? Das gibt's doch gar nicht!! Das wird sofort aufgeräumt, aber sofort, und zwar ordentlich!!" Ohne den letzten Satz fehlt dem Kind die Möglichkeit, die Situation aus dem Schimpfen heraus aufzulösen und alles wieder gut zu machen.

R *Regel*
6. Erklären Sie – aber später.

Während des Schimpfens ist das Erregungsniveau von Ihnen und dem Kind so hoch, dass keiner für echtes Denken zugänglich ist. Warum das, was das Kind angestellt hat, so schlecht ist, dass Sie schimpfen mussten, sollte natürlich noch erklärt werden, aber in Ruhe. Also: Erklären Sie, aber erst wenn sich der Rauch gelegt hat, weil sonst die Gefahr besteht, dass Sie wieder ins Schimpfen zurückfallen, obwohl doch schon alles wieder gut ist.
Und wenn Sie erklären, dann tun Sie das unbedingt in aller Ruhe und Ausführlichkeit.

9.4.2 Sperrzoo – Festhalten

Sperrzoo ist für mich die zweite Möglichkeit einer „guten" Strafe. Ich finde das Wort „Sperrzoo" richtig passend. Wenn jemand so richtig wild und böse ist, dann kommt er in den Sperrzoo. Schnappen Sie sich das Kind und halten Sie es fest. Gehen Sie auf die Knie, legen Ihre Arme so richtig eng um das Kind und flüstern heiser: „Hey, was soll das, jetzt ist aber Ruhe im Karton!" Es gibt Meister des Sperrzoos und Leute, die das überhaupt nicht hinbekommen. Ich selbst gehöre übrigens eher zu den Letzteren ...
Sperrzoo kann voll danebengehen. Das Kind rappelt und zappelt in ihren Armen so heftig, dass Sie es schließlich freilassen müssen und anschließend ist das Kind noch viel aggressiver. Was ist dann falsch gelaufen? Welche Regeln muss man beachten, damit so etwas nicht passiert?

R *Regel*
1. Arbeiten Sie an Ihrem Selbstvertrauen!

Bevor Sie ein Kind in den Sperrzoo nehmen, fragen Sie sich, ob Sie den unbedingten Willen und die innere Zuversicht haben, dass das unerwünschte Verhalten durch den Sperrzoo von Ihnen beendet werden kann. Eins kann ich ihnen versichern: Sperrzoo funktioniert nur, wenn Sie selbst absolut sicher sind, dass er funktionieren wird.

R

Regel
2. Verwenden Sie den Sperrzoo nur bei Kindern, die Ihnen Zuneigung entgegenbringen.
Kinder, die Ihnen gegenüber nur Respekt oder noch nicht einmal das haben, werden durch die unerwartete und unerwünschte körperliche Nähe zu stark bedrängt, der Zustand der „Strafe" wird hoffnungslos („Uah, was umarmt die mich da so sehr, hört das nie wieder auf?").

R

Regel
3. Duften Sie wenig, aber gut!

Achten Sie darauf, dass Sie den Sperrzoo nur anwenden, wenn Sie einigermaßen sicher sind, dass Ihr eigener Körpergeruch dem Kind zumutbar ist. In diesem Zusammenhang: Benutzen Sie geruchsfreie Deos und wenig Parfum und achten Sie auf strenge Hygiene in Ihrem Beruf. Wer möchte sich schon von einer Pädagogin umkrallen lassen, die nach Achselschweiß (oder 8x4) duftet, das ist dann nämlich auch ein ganz schön entwürdigender Zustand!

R

Regel
4. Öffnen Sie den Zoo zur rechten Zeit.

Nicht zu früh und nicht zu spät. Zugegeben: Den rechten Zeitpunkt zu finden, ist eine Wissenschaft für sich. Vielleicht kommen Sie mit folgendem Tipp weiter: Wenn Sie das Gefühl haben, dass sich das Kind spürbar beruhigt hat, zählen Sie innerlich bis drei und dann lassen Sie es frei.

9.4.4 Auszeit („Time out")

Das Gute an der Auszeit ist, dass sie sowohl Strafe bedeutet („Ich darf nicht mehr dabei sein."), als auch Gelegenheit zum Nachdenken bietet („Wie bin ich da eigentlich hineinge-raten?" und „Was will ich eigentlich wirklich?"). Deshalb verwenden viele Leute vor allem in den letzten Jahren dieses Erziehungsmittel sehr häufig. Haben Sie übrigens mal „Michel aus Lönneberga" von Astrid Lindgren gelesen? Es sieht so aus, als hätten nicht die Australier an der University of Queensland die Auszeit erfunden ...
Natürlich müssen auch bei der Auszeit ein paar Regeln beherzigt werden – Regeln, die übrigens Alma Svensson auf Katthult, die Mutter von Michel, nicht alle eingehalten hat (also war auch sie wohl nicht die „Erfinderin"...).

R

Regel
1. Schließen Sie das Auszeit-Areal nie zu.

Eingesperrtsein bringt ein starkes Gefühl der Würdelosigkeit und Hoffnungslosigkeit mit sich – das muss man vielleicht im Gefängnis aushalten, aber ganz sicher nicht im Kindergarten. Wenn Sie nicht sicher sind, dass ein Kind selbständig das Auszeit-Areal einhält, sollten Sie andere Erziehungsmittel anwenden.
Das Buch von Michel aus Lönneberga hat Weltklasse, ohne Frage, aber die Erziehungsmittel, die dort angewendet werden, beschreiben keine professionelle pädagogische Verhaltensweise!

R *Regel*
2. Koppeln Sie die Auszeit an das erwünschte Verhalten und nicht an eine Zeitspanne.

Also nicht: „Du hast jetzt erstmal 5 Minuten Auszeit", sondern „Ab in die Auszeit, und wenn Du wieder in der Lage bist, in angemessenem Tonfall zu sprechen, darfst Du rauskommen."

R *Regel*
3. Drohen Sie nur dann mit der Auszeit, wenn Sie diese sofort umsetzen könnten.

Es ist wenig hilfreich, unterwegs im Auto damit zu drohen, das Kind in sein Zimmer zu sperren – das ist noch zu lange hin. Auf der anderen Seite sollte eine Auszeit das Ende einer Eskalation markieren. Also: „Wenn du jetzt nicht ... dann kommst du in die Auszeit !" – das muss dann aber auch garantiert stattfinden. Sie müssen also vorher überlegen, ob ein Time out möglich ist (oder ob nicht gleich Abholzeit ist, oder Frühstück, oder der Raum dazu gar nicht verfügbar ist usw.).

R *Regel*
4. Wer in die Auszeit muss, muss sich zuvor rechtfertigen dürfen.

Die folgenden drei Punkte stammen aus dem Grundgesetz der BRD, aus Artikel 103. Dort steht im Absatz 1:

„(1) Vor Gericht hat jedermann Anspruch auf rechtliches Gehör."

Das, was für Erwachsene gilt, sollte auch für Kinder gelten. Also: Es ist zwar nicht unbedingt angenehm, aber es hat etwas mit Würde zu tun, dass ein Kind, bevor es in die Auszeit geht, die Chance bekommen muss, sein Verhalten zuvor noch zu erklären – und durch diese Erklärung möglicherweise der Auszeit entgehen zu können. Nebenbei: Das hat nicht nur etwas mit Würde zu tun, sondern Sie fördern damit auch die rhetorischen Fertigkeiten Ihrer Kinder!

R *Regel*
5. Die Auszeit muss angekündigt werden.

Im selben Artikel in Absatz 2 lesen wir:

„(2) Eine Tat kann nur bestraft werden, wenn die Strafbarkeit gesetzlich bestimmt war, bevor die Tat begangen wurde."

Das Kind muss wissen, dass es nicht darf, was es tut und es muss wissen, worin die Strafe besteht – in der Verhängung der Auszeit. Hält sich das Kind nicht an das Verbot, muss die Auszeit dann aber garantiert erfolgen (also nicht das Ganze wegen Abholzeit oder Frühstück abblasen) – sie müssen die Möglichkeit der Auszeit also vorher ankündigen und ihre Realisierbarkeit überprüfen.

R *Regel*
6. Danach muss alles wieder gut sein.

Im Absatz 3 dieses Artikels lesen wir:

„(3) Niemand darf wegen derselben Tat auf Grund der allgemeinen Strafgesetze mehrmals bestraft werden."

Was im Klartext und für unseren Zusammenhang lautet: Man darf erst raus, wenn das erwünschte Verhalten gezeigt wird – aber dann ist auch alles wieder gut. Die Tatsache, dass ein Kind öfters in der Auszeit ist als ein anderes Kind, darf keine Auswirkung auf sein Ansehen bei den Pädagoginnen oder im Kindergarten haben. Seien Sie fair – und barmherzig!

9.4.5 Wiedergutmachen

Wiedergutmachen als Erziehungsmittel kann sehr wirkungsvoll sein, allerdings müssen auch hier ein paar Regeln angewendet werden. Werden diese Regeln beachtet, ist Wiedergutmachen eigentlich keine Strafe mehr, sondern eher eine Art Belohnung, denn das Kind macht dann selbstbestimmt etwas wieder gut – und das ist ja etwas Schönes. Trotzdem wird Wiedergutmachung oft als eine Form von Strafe verstanden und deshalb hier die Regeln:

Regel   **R**
1. Das Kind muss wiedergutmachen können.

Sie können von einem Kind nicht erwarten, dass es etwas wiedergutmacht, wenn es das gar nicht kann. Wenn Sie vom Kind verlangen, dass es den Saustall, den es angerichtet hat, auch wieder aufräumt, dann muss es bereits aufräumen können. Kann es das nicht, sollten Sie keine Wiedergutmachung fordern oder es greift die nächste Regel

Regel   **R**
2. Helfen Sie dem Kind bei der Wiedergutmachung.

Zeigen Sie dem Kind gegebenenfalls, was genau zur Wiedergutmachung notwendig ist und wie das notwendige Verfahren funktioniert. Wenn ein Kind sich entschuldigen muss, muss es wissen, wie man das macht.

Regel   **R**
3. Definieren Sie genau die Wiedergutmachung.

Beschreiben Sie genau, was notwendig ist, damit wirklich alles wieder gut ist. Beschreiben Sie das Ganze so, dass Sie sicher sind, dass das Kind nicht nur verschreckt nickt, sondern wirklich und konkret anpacken kann. Achten Sie bei Ihrer Formulierung auch darauf, dass alles, was Sie verlangen, vom Kind auch wirklich geleistet werden kann. Sonst wird Wiedergutmachung eine Strafe, und zwar eine hoffnungs- und deshalb würdelose Strafe!

Regel   **R**
4. Achten Sie auf die Verhältnismäßigkeit.

Wenn ein Kind im Spiel eine Scheibe kaputtgeschlagen hat, hat es das nicht mit Absicht gemacht, sondern im Überschwang. Dafür – wie im Beispiel weiter oben beschrieben – jetzt das Taschengeld der nächsten zehn Wochen zu kassieren, finde ich unverhältnismäßig. Der Aufwand der Wiedergutmachung muss in Relation zur vorangegangenen Tat stehen. Denken Sie daran: Nicht alles, was

Ihnen einfach erscheint, fällt auch dem Kind leicht. Nicht jede Entschuldigung geht dem Kind so locker von den Lippen, wie Ihnen – vielleicht nimmt es die Entschuldigung ernster als Sie? Wählen Sie die Wiedergutmachung mit Bedacht und machen Sie es dem Kind nicht zu schwer.

9.5   Müssen Strafen mit dem Fehlverhalten inhaltlich zu tun haben?

Wundern Sie sich? Dieses häufig als oberwichtig platzierte Merkmal von „guten" Strafen landet in diesem Buch ganz am Ende des Kapitels. Das liegt daran, dass ich mich (und Sie) wirklich frage: Muss das Kind wirklich immer einen inhaltlichen Zusammenhang zwischen der Strafe und seinem Fehlverhalten herstellen können? Anders gefragt: Geht das eigentlich immer oder kommen dabei nicht eher in der Regel sehr merkwürdige „Verrenkungen" heraus?
Wie ist das denn bei Ihnen?
Hat das Knöllchen, das Sie bekommen, einen inhaltlichen (also logischen) Zusammenhang mit der Tatsache, dass Sie zu schnell durchs Dorf gefahren sind? Eigentlich nicht. Trotzdem fahren Sie in Zukunft schätzungsweise vorsichtiger.

Ich denke, das Wichtigste bei der Strafe ist nicht, dass ein logischer Zusammenhang zwischen Tat und Strafe besteht, sondern dass durch die Strafe (Verhaltensweisen siehe oben) alles wieder gutgemacht wird. Wir arbeiten nicht in einer grausamen Erziehungsanstalt, sondern in einem Kindergarten, wo Kindern Würde gegeben und gelassen wird, das sollten wir nie vergessen. Strafe erzeugt nie einen Sinnzusammenhang, sondern funktioniert immer nur durch das Zwangsprinzip. Andernfalls wäre es keine Strafe. Es ist also nicht unbedingt möglich oder gar sinnvoll, zwischen einer Tat und der darauf folgenden Strafe einen (letzten Endes doch meistens nur konstruierten) Sinnzusammenhang zu verlangen.

An dieser Stelle ein persönliches Beispiel:

Beispiel
In meiner Zeit als Supervisor von Kinderheimen wurde ich oft mit dem Problem konfrontiert, dass die Kinder schon wieder ihre Zahnspange nicht getragen hätten. Raten Sie, was das beste Mittel dagegen war:
Jedes Mal, wenn die Kinder Ihre Zahnspange nicht getragen hatten, mussten sie Linsen und Erbsen, die in einem Gefäß vermischt waren, sortieren. Das hat trefflich funktioniert. Wichtig schien dabei vor allem, dass die Sinnlosigkeit der Strafe herausgestrichen wurde. Die Pädagogin sollte immer anwesend sein (z. B. in der Küche) und irgendwann während der „Strafzeit" etwas in der Richtung sagen: „Das ist ja so sinnlos, was Du da machen musst – also ich würde an deiner Stelle lieber die Zahnspange tragen, da hast du wenigstens was davon, nämlich gerade Zähne."
Danach war übrigens wirklich alles wieder gut – bis zum nächsten Mal, dann ging's wieder ans Erbsensortieren.

10 Erziehung durch Gewöhnung

Gewöhnung ist ein Erziehungsmittel, das zumindest als absichtliche Form der Erziehung mitunter ziemlich unterschätzt wird. Hier lernen Sie, wie Sie es einsetzen und was es dabei zu beachten gilt.

10.1 Was Gewöhnung bedeutet

Im Unterschied zu den großen Kategorien „Erziehung durch Belohnungen" und „Erziehung durch Strafen" geschieht die Erziehung durch Gewöhnung ohne einen erkennbaren Beweggrund. Der Mensch verändert sein Handeln nicht, weil er einen Grund dafür hat (z. B. eine in Aussicht stehende Belohnung oder die Furcht vor einer Strafe), sondern ganz einfach deshalb, weil er sich an das neue Verhalten gewöhnt. Das geschieht viel häufiger, als man es denkt.

Beispiel
Ein wichtiges Beispiel dafür ist die Art, wie Kinder ihre Muttersprache lernen. Das geschieht nicht, indem sie erst „begreifen", wer oder was die „Mama" ist, oder der „Baum", das „Auto", der „Opa" usw. Nein, sie gewöhnen sich buchstäblich erst daran, das Wort sagen zu können und knüpfen nach und nach die tiefere Bedeutung an den durch Gewöhnung gelernten typischen Klang.

Wenn Sie in einer Kinderkrippe arbeiten, kennen Sie das sicherlich auch: Manchmal „schnappt" ein Kleinkind ein Wort auf und murmelt dieses leise und beglückt vor sich hin, ohne dass es den Sinn dieses Wortes zu kennen scheint. Und genau so ist es auch, man hat das lange genug wissenschaftlich untersucht. Dabei hat man auch herausgefunden, dass das Kind das Wort einfach wieder vergisst, wenn es ihm nicht innerhalb einer gewissen Zeit eine sinnvolle Bedeutung zuordnen kann. Sie können das in Ihrer Kleinkindergruppe ganz einfach nachprüfen:

Aufgabe   **A**
Führen Sie doch einfach mal in Ihrer Kleinkindergruppe das Wort „Babaschnuff" ein, indem Sie der einen Gruppe von Kindern gleichzeitig ein bestimmtes Stofftier präsentieren, das „Babaschnuff" heißt und der anderen Gruppe präsentieren Sie das Wort, indem Sie einfach sagen: „ich habe ein tolles Wort, es heißt „Babaschnuff".
Sprechen Sie in der ersten Gruppe täglich zu einem bestimmten Anlass mit Babaschnuff und lassen Sie ihn mit den Kindern sprechen (beispielsweise vor der Frühstückspause). Bei der zweiten Gruppe lassen Sie das einfach weg. Und dann schauen Sie mal, wie die Kinder mit dem neuen Wort umgehen. Sie werden überrascht sein!

Dieses Beispiel können Sie auf unzählige andere Situationen übertragen. Nicht nur Sprache, auch die meisten anderen Verhaltensweisen beginnt man auszuführen, ohne sich eines tieferen Sinnes zunächst bewusst zu sein. Man zeigt sie eben.

Der Grund, warum man diese Verhaltensweisen zeigt, kann unterschiedlich sein. Der wohl wichtigste Grund liegt in einer Art Grundbedürfnis des Menschen, das sich darin äußert, das Verhalten nachzuahmen, das die Menschen im jeweils wichtigen Umfeld zeigen. Gewissermaßen „normal" zu sein. Das Bewusstsein „normal" zu sein, flößt dem Menschen offenbar häufig ein als angenehm empfundenes Gefühl der Geborgenheit und Sicherheit ein. „So lange ich das mache, was alle machen, lebe ich ähnlich sicher, wie die anderen das offensichtlich auch tun." Dieser Grund ist insofern interessant, als das dabei gezeigte Verhalten nicht unbedingt sicherer oder klüger oder effektiver sein muss als ein anderes, genauso mögliches und vielleicht sogar effektiveres Verhalten. Es reicht, dass alle (oder die meisten) es so machen.

Weil alle beim Schlusspfiff aus dem Stadion drängeln, drängelt man mit, obwohl man selbst vielleicht viel schneller (und bequemer) vorankommen würde, wenn man erst wartet, bis die meisten Besucher sich herausgedrängelt haben. Man übernimmt also das Verhalten ganz einfach deshalb, weil es offenbar ein menschliches Grundbedürfnis ist, so zu sein, wie die anderen. Oder auch, weil Panik aufsteigt, wenn man etwas nicht so macht, wie alle anderen. Wenn alle losrennen, grundlos, aber in eine bestimmte Richtung, fällt es extrem schwer, nicht ebenfalls loszurennen. Man bekommt Angst, dass man sich in einer Gefahr befindet, die eigentlich gar nicht besteht.

Beispiel
Die Belonda aus Sambesi in Afrika begrüßen sich nicht dadurch, dass sie sich die Hände schütteln wie wir, sondern sie klatschen in die Hände und trommeln mit ihren Ellenbogen auf die Rippen. Das ist kein Verhalten, das irgendwie effektiver wäre als das typisch deutsche Verhalten. Genauso wenig sinnvoll ist es, sich – statt sich die Hände zu geben – zwei, drei oder vier Küsschen links und rechts zu geben. Aber wenn es alle machen, dann macht man es eben auch so.

Wenn alle etwas machen, kann es auch sein, dass man das selbst aus purer Neugier nachmacht. Auf Schulausflügen haben wir uns auf belebten Plätzen gerne einfach im Kreis aufgestellt und auf etwas nicht Vorhandenes gedeutet. Es war ein Riesenspaß, zu beobachten, wie die Leute darauf reagiert haben. Als wir den Kreis aufgelöst haben, haben wildfremde Menschen wieder diesen Kreis gebildet, weil sie wissen wollten, was an dieser Stelle so Besonderes ist. Diese haben dann ihrerseits wieder andere Neugierige angezogen. Es war wirklich lustig zu sehen, wie Menschen ein sinnloses Verhalten nachahmen, einfach deshalb weil sie neugierig sind. Natürlich haben sich diese Kreise dann nach gewisser Zeit auch wieder verflüchtigt. Die Neugier muss sich schon irgendwie lohnen.

Und so kommen wir zu einem Grund für Gewöhnung, der eigentlich schon zum Bereich „Belohnungen" gehört, aber letztlich auch innerhalb der Gewöhnung zumindest beginnt. Bei den Worten haben wir es eben gelernt, nämlich dass man dann das Wort am besten erlernt, wenn sich relativ schnell die tiefere Bedeutung des Wortes erschließt. Wenn man also etwas einfacher ausdrücken kann, als man es zuvor sagen konnte. Wenn man das Wort „Radlader" benutzen kann und deshalb die Wortkombination „Ein Ding mit vier Rädern und einer breiten Schaufel vorne dran, mit dem man Steine, Sand oder sonstige Gegenstände aufladen und von einem Ort zum anderen transportieren kann" nicht mehr benötigt.

Der Grund zur Übernahme des Verhaltens kann also darin bestehen, dass man es einfacher hat, sich in der Welt, in der man das Wort Radlader kennt und benutzt, zurechtzufinden. Die Effektivität, das Gefühl „Ich hab's jetzt leichter!" ist eine Art Belohnung, die dazu führt, dass das zunächst durch Gewöhnung angeeignete Wort „Radlader" sich gewissermaßen „verfestigt".

In einer Welt, in der man das Wort „Radlader" nicht braucht, hilft einem das Wort auch dann nichts, wenn es eine tatsächlich Bedeutung hat. Der Grund zur Übernahme ist also tatsächlich die Erkenntnis „Ich hab's leichter!"

Das Ganze gilt nicht nur für das Erlernen von Worten, sondern für viele andere Verhaltens-weisen ebenso. Wer sich beispielsweise daran gewöhnt, sich selbst die Capri-Sonne aus dem Vorratsschrank herauszuholen (und das auch wirklich darf), kann sich selbst versorgen und ist dadurch effektiver.

Wer lernt, höflich und freundlich „guten Morgen!" zu sagen, eckt weniger an. Der Grund, warum er „guten Morgen!" sagt, ist nicht, dass der Morgen wirklich so schön ist, sondern dass man sich damit Ärger erspart.

Aber wie gesagt: Hier sind wir dann eigentlich schon beim Mechanismus des „Sich-Beloh-nens" angelangt, den wir im Kapitel 8 bereits gründlich besprochen haben.

Der Grund, warum man ausschließlich durch Gewöhnung ein anderes Verhalten dauerhaft übernimmt, besteht also letztlich darin, dass man das tun will, was die anderen machen. Es scheint sicherer zu sein, es verspricht, einem Unangenehmes zu ersparen und Angenehmes zu verschaffen.

Das Maß, in dem man sich daran gewöhnt, hängt dabei wiederum von zwei Faktoren ab: Es müssen die jeweils wirklich wichtigen Leute sein, die das Verhalten zeigen. Wenn es für die jeweilige Person unwichtige Menschen sind, die das entsprechende Verhalten zeigen, müssen es schon sehr, sehr viele sein, damit sie es nachahmt.

Und es hängt davon ab, wie konsequent diese Leute das Verhalten zeigen, an das man sich gewöhnt: Sie müssen es ziemlich konsequent und zuverlässig zeigen (also nicht zufällig ein-mal zeigen und ein anderes Mal nicht). Wohlgemerkt: Es hängt **nicht** (unbedingt) davon ab, ob das gezeigte Verhalten tatsächlich „etwas bringt". Es hängt (zumindest zu Beginn) auch nicht davon ab, ob der Sinn dessen, was man tut, tatsächlich ersichtlich ist. Der Grund lautet ganz einfach: „Alle (wichtigen) Leute machen es (immer) auch so."

Anders gesagt – und hier wird die Sache pädagogisch bedeutsam:

Wenn Menschen, die für ein Kind wichtig sind, ein bestimmtes Verhalten konsequent zeigen, dann wird dieses Verhalten vom Kind höchstwahrscheinlich übernommen.

Und das gilt auch dann, wenn das Verhalten unsinnig ist, ineffektiv, oder gar allgemein als moralisch „schlecht" gilt.

Wenn die Familie (als wichtige Personen eines Kindes) sich von Gummibärchen und Coca Cola ernährt, dann wird dieses Bespiel wahrscheinlich übernommen. Weil es eine Art Sicher-heit gibt und nicht deshalb, weil es sinnvoll ist.

Formulieren wir es positiv: Wenn Sie einem Kind ein Verhalten vermitteln wollen, das Sie als sinnvoll erachten, dann genügt es, dieses Verhalten vorzuleben, und das Kind wird sich an das Verhalten gewöhnen.

Sie benötigen dafür also – und das ist das Besondere – weder Belohnungen noch Strafen. Sie müssen nicht lang und breit argumentie-ren, hold und selig lächeln und loben, keine teuren Smarties kaufen, keine Auszeit andro-hen, nicht schimpfen oder irgendwelche an-deren Erziehungsmittel benutzen. Es genügt, das Verhalten vorzuleben.

Halt! Nicht ganz! Zwei Voraussetzungen ha-ben wir ja doch genannt, die absolut not-wendig gegeben sein müssen: Sie müssen für das Kind, das Sie verändern wollen, eine wirklich wichtige Person sein. Das bedeutet auch, dass die anderen für das Kind wichtigen Personen nicht etwas anderes vorleben (sonst gleicht sich der Effekt womöglich gegenseitig aus).

Und Sie müssen das jeweilige Verhalten konsequent vorleben, sich immer so verhalten. Auch dann, wenn das Kind möglicherweise gar nicht zuschaut (denn Sie „strahlen" Ihre Inkonsequenz gewissermaßen unbewusst aus).

Wenn diese beiden Bedingungen gegeben sind, werden sie höchstwahrscheinlich zum Erfolg führen.

Daraus können wir folgende Regeln ableiten:

R **Regel**
1. So lange Sie für das Kind nicht wichtig sind, nützt das Vorleben nur wenig bis gar nichts.

Wenn Sie feststellen, dass Sie für das Kind eher unwichtig sind, versuchen Sie andere erzieherische Verhaltensweisen oder klinken Sie sich an Leute an, die für das Kind tatsächlich wichtig sind.

R **Regel**
2. Die anderen wichtigen Personen (Eltern, Teammitglieder, Freunde usw.) müssen dasselbe oder ähnliches vorleben.

Wenn die anderen anderes vorleben werden sich die jeweiligen Tendenzen unter Umständen gegenseitig neutralisieren oder zu chaotischen Entwicklungen führen. Sorgen Sie im Team für Einigkeit durch vorab geführte Diskussionen.

Allerdings haben Kinder eine Eigenschaft, die es Ihnen ermöglicht, unterschiedliche Verhaltensweisen zu lernen, wenn diese jeweils mit einer bestimmten Umgebung (räumlich wie auf die Personen bezogen) fest verbunden sind. Solche Umgebungen nennt man „Settings". Ein Beispiel hierzu:

Beispiel
Maltes Eltern sind getrennt. Malte lebt bei der Mutter, ist aber auch regelmäßig bei seinem Vater. Der achtet nicht auf Tischmanieren, während der Mutter ein anständiges Betragen bei Tisch wichtig ist. Das hat zur Folge, dass Malte, wenn er von seinem Vater kommt, mit den Ellenbogen auf dem Tisch hängt, mit offenem Mund kaut und sehr schnell schlingt. Nach ein oder zwei Erinnerungen durch seine Mutter, dass er sich nun wieder in der „Mamawelt" bewegt, kommt er auch mit seinem Essverhalten wieder in dem Setting „bei der Mutter" an und muss nicht mehr ermahnt werden.

Widerstreitende Vorbilder können ein Kind zwar verwirren, es kann aber auch eine Verhaltensvarianz daraus mitnehmen. Dies kann für Sie als Pädagogin ein Ansporn sein, auch bei Kindern, die zu Hause vielleicht nicht die nötige Unterstützung finden, eine Verhaltensänderung des Kindes anzustreben. Gilt diese vielleicht nur im Setting „Kindergarten" hat es sie doch „im Programm" und kann vielleicht später auch in anderen Settings darauf zurückgreifen.

R **Regel**
3. Alle wichtigen Personen müssen das zuverlässig und konsequent vorleben.

Das bedeutet in erster Linie, dass Sie von dem, was Sie vorleben, so überzeugt sind, dass Sie es auch vorleben, wenn niemand zuschaut. Nur so haben Sie die Sicherheit, dass Sie in den Situationen, in denen die Kinder zuschauen, auch wirklich konsequent handeln.

10.2 Beispiele für Gewöhnungssituationen

Die Übergange zwischen den beiden im Folgenden vorgestellten Möglichkeiten der Gewöhnung sind fließend. Beide Formen unterscheiden sich hauptsächlich darin, dass die erste Form eher unbewusst und die zweite Form eher gezielt und absichtlich angewendet wird.

10.2.1 „Einfach vorleben"

Wahrscheinlich wird von den Kindern wesentlich mehr an Verhaltensweisen übernommen, die ihnen unbewusst einfach vorgelebt werden, als wir uns das vorstellen können. Woran liegt das? Nun, eigentlich ganz einfach. Stellen Sie sich die Situation eines Kindergartenkindes doch nur einmal vor. Das Kind ist klein, die Welt ist groß. Für ein kleines Kind wesentlich größer als für uns. Wir wissen (aufgrund von eigenen Beobachtungen und Lernprozessen), wie man mit vielfältigen Situationen der „Welt" umgehen kann. Das können komplexe Verhaltensweisen sein, wie beispielsweise die Verhaltensweisen, die man zeigen muss, um möglichst angenehmen Umgang mit anderen Menschen zu haben, dass man „nett" sein muss, und was „nett" im Einzelnen bedeutet. Das man lächelt und „Danke" sagt, wenn man den Apfelsaft gereicht bekommt usw.
Das können aber auch ganz einfache und unkomplizierte Vorgänge sein, etwa die Beobachtung, dass man sich nach dem Essen die Zähne putzt.
Die Kinder beobachten das, was Sie vorleben. Und sie übernehmen Verhaltensweisen – wie wir gelernt haben – auch dann, wenn ihnen der unmittelbare Sinn der jeweiligen Verhaltensweise noch gar nicht einleuchtet. Das, was Sie vorleben, die Art, wie Sie „sind", wird von den Kindern beobachtet, und zwar genauer, als Sie es wohl annehmen. Das sollten Sie wissen, damit sollten Sie rechnen. Bedenken Sie vor diesem Hintergrund einmal Ihre Gesamtwirkung und fragen Sie sich selbstkritisch, ob die Verhaltensweisen, die Sie zeigen, nachahmenswert sind. Gehen Sie davon aus, dass Sie nachgeahmt werden, ob Sie sich damit nun als tolles Vorbild fühlen oder nicht.
Nehmen wir an dieser Stelle nun einfach einmal an, dass Sie durch absichtlich eingesetzte Erziehungsmittel ein Verhalten zu erziehen versuchen, das Sie selbst im Grunde genommen gar nicht vorleben.

Beispiel
Nehmen wir beispielsweise Ihr Verhalten im Straßenverkehr. Hand aufs Herz: Wenn die Straße frei ist und die Fußgängerampel rot, warten Sie dann als Fußgänger, bis sie grün wird? Was, wenn Sie ein Kind dabei haben? Na, klingelt's?

Welche Wirkung haben wohl die absichtlich von Ihnen vorgelebten Verhaltensweisen, wenn das Kind auch die unabsichtlichen kennt (Sie also beim Straßeüberqueren bei Rot beobachtet, oder beim Rauchen, oder beim unappetitlichen Naseschniefen)? Richtig, Sie werden durch Ihr widersprüchliches eigenes Vorleben für das Kind unklar, möglicherweise neutralisieren die Verhaltensweisen sich gegenseitig. Sie haben dann zwar jede Menge persönlichen Aufwand betrieben, aber keinen nennenswerten Effekt erzielt. Sinnvoller wäre es wohl gewesen, sich vor den absichtliche eingesetzten Erziehungsmitteln zu fragen, ob man durch sein unabsichtliches „einfach Vorleben" die absichtlichen Verhaltensweisen überhaupt unterstützt.
Viele absichtlich eingesetzte Erziehungsmittel kosten eine Menge Kraft und Energie; Planung wird nötig, Kontingenz muss diszipliniert eingehalten werden (vgl. nächstes Kapitel). Wenn Sie jedoch Verhaltensweisen einfach vorleben und dabei selbst so sind, oder selbstkritisch danach streben, so zu sein, wie Sie es wünschen, dann wird viel erzieherische Arbeit geradezu überflüssig oder besser gesagt: durch Ihr unabsichtliches „einfach Vorleben" geregelt.

Folgende Regeln können Ihnen helfen, durch einfaches Vorleben praktische Erziehungsarbeit zu leisten:

Regeln für einfaches Vorleben:

R *Regeln*
1. Überprüfen Sie kontinuierlich Ihre Außenwirkung.

Hinterfragen Sie sich selbst. Lassen Sie das Urteil Ihrer Anleiterin oder Kollegin zu.

R *Regeln*
2. Fragen Sie sich häufig, wie Sie „eigentlich" sein wollen.

Welche Außenwirkung wollen Sie haben und ist diese Außenwirkung für andere (Kinder) auch nachahmenswert?

R *Regeln*
3. Seien Sie flexibel und selbstkritisch.

Der Mensch ändert sich sein ganzes Leben lang und auch Ihnen steht es durchaus an, Ihre Verhaltensweisen zum Besseren zu ändern.

R *Regeln*
4. Verändern Sie sich nicht allzu schnell!

Lassen Sie sich auch bei Kritik von anderen Personen zunächst ein wenig Zeit, eine Verhaltensänderung zu überdenken. Keine Panik bei Kritik! Denken Sie darüber nach, suchen Sie den Kern der Kritik und verändern Sie Ihr Verhalten nur dann, wenn Sie selbst davon überzeugt sind. Alles andere wäre Krampf.

In diesem Zusammenhang kann es übrigens sehr sinnvoll sein, sich selbst öfters in völlig alltäglichen Situationen auf Video aufzunehmen und beim Betrachten des Videos darauf zu achten, wie Sie auf sich selbst wirken. Ich weiß, die wenigsten Menschen machen das gern. Kann das vielleicht daran liegen, dass viele Menschen eine versteckte „Grundunsicherheit" sich selbst gegenüber haben und es vermeiden, damit konfrontiert zu werden? Ist diese Grundunsicherheit nicht eigentlich für eine Pädagogin völlig verkehrt und unprofessionell? Also, nur Mut und: Filmen Sie!

10.2.2 Bewusste Rituale entwickeln

Im Unterschied zum sich „einfach so" zu verhalten, ist die Einführung von Ritualen auch dann möglich, wenn man selbst nicht unbedingt mit dem tiefen Sinn dieser Rituale übereinstimmt. Das kann beispielsweise dann möglich sein, wenn Sie selbst kein besonders religiöser Mensch sind, Ihre Einrichtung aber aus verschiedenen Gründen eine bestimmte religiöse Prägung vorgibt. Nicht jeder Mensch braucht beispielsweise das Gebet als Lebenshilfe. Und dennoch kann es für Kinder hilfreich sein: „Ich bete, weil ich meine Dankbarkeit ausdrücken möchte" „Ich bete, wenn ich ängstlich bin" „Ich bete, wenn ich etwas verarbeiten möchte".

Ich weiß nicht, ob Sie selbst diese Haltung teilen, aber dennoch werden Sie mir wohl recht geben, dass diese Haltung (für Kinder) hilfreich sein kann. In all jenen Fällen, wo Sie selbst nicht unbedingt hinter der jeweils erwünschten Verhaltensweise stehen, sie also nicht „einfach so" vorleben", können Rituale einen geeigneten Ersatz bieten.

Im gerade genannten Beispiel können Sie sich angewöhnen, mit den Kindern ein Tischgebet zu sprechen, mit den Kindern gemeinsam in einem Gebet zu danken usw. und damit den Kindern die Religiosität in ritualisierter Form anzubieten. Sie müssen selbst gar nicht von der Wirkung des Gebets überzeugt sein – auf die Wirkung der Rituale können Sie sich verlassen.

Nehmen wir ein anderes berühmtes Beispiel: das Schlafen gehen. Selbst wenn Sie selbst oder das Kind in einer bestimmten Situation das Schlafen überhaupt nicht einsehen (beispielsweise in der Mittagspause), wird Schlafengehen leichter, wenn es ritualisiert wird. Wichtig dabei ist übrigens überhaupt nicht der genaue Inhalt des Rituals, sondern vor allem das möglichst genaue und regelmäßige Einhalten des Rituals. Beginnt dann das Ritual, wird bereits eine Art „Verhaltensprogramm" aktiviert, selbst dann, wenn das Kind (oder der Erwachsene) gar nicht von der jeweiligen Verhaltensweise überzeugt ist.

Übrigens: Es finden auch häufig Rituale statt, von denen Sie gar nicht wissen, dass Sie existieren. Vieles in der alltäglichen Arbeit im Kindergarten ist ritualisiert und erzeugt eine Verhaltensänderung durch Gewöhnung. Dazu gehören dann auch Verhaltensweisen, die überhaupt nicht erwünscht sind und die dennoch regelmäßig durch die dazugehörigen Rituale eingeleitet werden.

Aufgabe
Überprüfen Sie einmal Ihren pädagogischen Alltag im Kindergarten auf Verhaltensweisen bestimmter Kinder, die unerwünscht sind und ziemlich regelmäßig auftreten. Überprüfen Sie dann, ob dieser Verhaltensweise eine Art „Ritual", also eine Situation vorausgeht, die immer gleich oder sehr ähnlich abläuft.

A

Solche Situationen wirken genauso wie Rituale, die erwünschte Verhaltensweisen bewirken. Wenn Sie in solchen Situationen mit einer absichtlich gesteuerten erzieherischen Verhaltensweise entgegenwirken (beispielsweise einer Bestrafung), geben Sie im übertragenen Sinne des Wortes erst Gas und drücken danach auf die Bremse. Wie wäre es, wenn Sie einfach das vorausgehende „Ritual" verhindern?

Beispiel
Immer, wenn Paul und Kurt mit ihren beiden Tretrollern vor dem Kindergarten ankommen, bekommen Sie sich in die Haare und streiten sich fürchterlich. Seit die Pädagogin die Eltern darauf angesprochen und dafür gesorgt hat, dass die beiden nicht mehr gemeinsam zum Kindergarten fahren, hat sie ein Problem weniger ...

Damit Rituale funktionieren, sollte man sich allerdings an ein paar wichtige Regeln halten:

R *Regeln*
1. Lassen Sie Rituale in den jeweiligen Situationen regelmäßig und zuverlässig geschehen.

Es nützt nichts, wenn Sie Rituale einmal durchführen und dann wieder nicht.

R *Regeln*
2. Überprüfen Sie die Alltagstauglichkeit der Rituale, bevor Sie diese einführen.

Spielen Sie einfach mit Kolleginnen in Gedanken das Ritual ein paar Mal durch und überprüfen Sie es auf seine konkrete Wirkung.

R *Regeln*
3. Überprüfen Sie Ihren Alltag auf unerwünschte Rituale und verhindern Sie diese, bevor Sie andere Erziehungsmittel einsetzen.

Am besten gelingt das, wenn man eine Kollegin einer anderen Einrichtung bittet, den Alltag im Kindergarten auf unerwünschte Rituale hin zu beobachten – als Gegenleistung können Sie das ja auch bei Ihrer Kollegin tun.

R *Regeln*
4. Rituale (positiv wie negativ wirkende) müssen weder besonders aufwendig noch auffällig sein.

Das Wichtige an Ritualen ist nicht Ihre komplizierte Beschaffenheit, sondern Ihr Wiedererkennungswert. Rituale werden dadurch zu Ritualen, dass sie immer gleich ablaufen.

11 Erziehung durch Kontingenz

Wir haben weiter oben bereits festgestellt, dass Kontingenz eher wie eine Komponente in einem Zweikomponentenkleber funktioniert. Kontingenz ist die zweite notwendige Komponente jedes Erziehungsmittels. Hier erfahren Sie beispielhaft, was Kontingenz konkret bedeutet und wie sie umzusetzen ist.

Kontingenz – ein Fremdwort. Was bedeutete es noch mal? Kontingenz bedeutet ein bestimmtes Prinzip, das man eigentlich bei jedem Erziehungsmittel einhalten sollte. So gesehen ist Kontingenz kein eigenes Erziehungsmittel, sondern die Voraussetzung dafür, dass Erziehungsmittel überhaupt zum Erfolg führen können.

Kontingenz bedeutet, grob gesagt, dass Erziehungsmittel im Allgemeinen und auch die Pädagogen selbst für das Kind vorhersehbar und verlässlich sind. Weil dieses Prinzip für alle beschriebenen Erziehungsmittel gilt, soll es im Folgenden auch für jede einzeln erklärt werden. Wichtig ist, dass diese Erklärungen lediglich versuchen, Ihnen eine Idee von der konkreten Bedeutung von Kontingenz zu vermitteln. Kontingenz kann in vielen Fällen auch noch viel mehr bedeuten, als in diesen Erklärungen zu finden sein wird.

11.1 Kontingenz bei extrinsischem Lob oder Belohnungen

Erinnern wir uns: Extrinsische Belohnungen sind solche, bei denen das Kind eine Belohnung bekommt, wenn es eine von der Pädagogin erwünschte Verhaltensweise zeigt.

Es sieht den inneren Sinn der Verhaltensweise nicht unbedingt ein, aber das ist in diesem Moment auch gar nicht wichtig. Wichtig ist die Kontingenz der Belohnung. Das bedeutet: Wenn Sie eine Belohnung in Aussicht stellen, muss diese Belohnung genau dann erfolgen, wann Sie es versprochen haben. Das scheint einfach zu sein, ist es aber nicht unbedingt:

Beispiel
Die Mama sagt zu Lisa: „Wenn Du in der Mittagspause leise in deinem Zimmer spielst (anstatt laut Krach zu machen), gehe ich mit Dir danach einkaufen und Du bekommst eine Kinderüberraschung". Unglücklicherweise klingelt das Telefon, der langersehnte Heizungsinstallateur kündigt sich an, er sei in einer halben Stunde vor Ort und könne die Heizung schnell reparieren. Die Mama verschiebt ihren Einkauf auf den nächsten Tag, die Kinderüberraschung bleibt aus – Lisa scheint es so, als ob sie umsonst schön leise gewesen sei.

Klar, wenn so etwas einmal passiert, dann ist das nicht besonders schlimm, aber in der Realität geschieht es leider häufiger, als man denkt.

Auch immaterielle Belohnungen sollten kontingent sein:

Beispiel
Die Pädagogin beobachtet Paul, wie er hingebungsvoll ein Piratenschiff malt. Paul will das Bild nachher der Pädagogin zeigen und freut sich schon auf ihren Kommentar. In dem Moment, wo er das Bild der Pädagogin zeigen möchte, muss diese aber einen Streit zwischen zwei anderen Kindern schlichten und sagt nur: „Paul, ich habe jetzt keine Zeit, ich schaue mir das Bild nachher an". Nachher ist aber bereits Stuhlkreis, das Bild wird nicht beachtet. Paul ist enttäuscht.

Wahrscheinlich geben Sie mir recht: Solche Situationen gibt es häufiger, als wir das wünschen. Um den negativen Effekt einzudämmen, schlage ich folgende Regel vor:

Stellen Sie nur solche Belohnungen in Aussicht, die Sie auch zuverlässig erteilen können. Fragen Sie sich vor einer Belohnung immer „Werde ich sie zum versprochenen Zeitpunkt erteilen können?"

11.2 Kontingenz bei intrinsischem Lob oder Belohnung

Erinnern wir uns an ein früheres Beispiel: Eine extrinsische Belohnung ist die Gutenachtgeschichte nach dem Zähneputzen. Eine intrinsische Belohnung wäre in diesem Fall das Gefühl des Kindes „schön sauber" zu sein. Wo liegt in diesem Fall die Kontingenz? Nun, greifen wir das Beispiel einfach auf. Angenommen, das Kind hat zwar seine Zähne geputzt, aber das eben nur so gut gemacht, wie ein dreijähriges Kind das selbständig hinbekommt, effektiv nicht gerade besonders sauber. Falsch wäre, in diesem Fall auf die mangelhafte Putzerei hinzuweisen, richtig wäre dagegen, die Sauberkeit lobend zu betonen (auch wenn sie eigentlich gar nicht gegeben ist).

Beispiel
Die Kinder haben die Puppenecke aufgeräumt, weil sie wollten dass alles „schön ordentlich" ist. Doch ihr Ordnungsbewusstsein entspricht überhaupt nicht dem der Pädagogin. Sie kommt dazu und meint: „Ist zwar schön, dass ihr versucht habt, aufzuräumen, aber das macht man ganz anders, ich zeig's euch."

Auch wenn es stimmen mag, dass die Kinder nicht „richtig" aufgeräumt haben – sie haben mit ihrem Aufräumen eine intrinsische Belohnung verfolgt. Die Pädagogin hat ihnen diese Belohnung jedoch mit wenigen Worten genommen.
Richtig wäre eine Reaktion wie diese gewesen:

„Hey, Ihr habt ja toll aufgeräumt, das habt ihr richtig gut gemacht!"

Wichtig ist, dass das Lob im Sinne einer Bestätigung zuverlässig eintrifft. Wichtig ist nicht, dass man den Kindern dann gleich auch noch das „richtige" Aufräumen beibringt – dazu hat man an anderen Tagen auch noch Zeit, man sollte es bloß nicht aus den Augen verlieren.

Kontingenz bedeutet in diesem Zusammenhang auch, dass Sie sich tatsächlich und echt an dem Ordnungsversuch freuen, den die Kinder gestartet haben – auch wenn damit nicht unbedingt die Ordnung geschaffen wurde, die Sie sich vorstellen.

11.3 Kontingenz beim Mutmachen

Wenn Sie einem Kind Zuversicht einflößen möchten, wenn Sie ihm Mut machen möchten, dann tun Sie das nur in solchen Fällen, von denen Sie sehr sicher sind, dass das Kind das, wozu Sie ihm Mut machen, auch schaffen kann. Es geschieht leider ziemlich häufig, dass man Kindern zu erwünschten Verhaltensweisen Mut macht, ohne sich zu überlegen, ob die Kinder dieses Verhalten auch wirklich zeigen können. So als ob Mut zu machen etwas generell Positives wäre, nie schaden könne. „Das schaffst Du bestimmt!" – das klingt doch so optimistisch und gut gelaunt.
Wenn Sie einem Kind jedoch zu einem Verhalten Mut machen, das es nicht zeigen kann, geht der Schuss nach hinten los. Das Kind scheitert, ist frustriert und verliert für ein nächstes Mal eher den Mut, als das es selbstbewusster wird.
Zur Kontingenz in solchen Fällen gehört ebenfalls, dass Sie nur dann einem Kind Mut machen sollten, wenn Sie ziemlich sicher sind, dass das Kind selbst Ihnen das auch abnimmt, Ihnen glaubt, dass Sie glauben, das es das schaffen wird, zu dem Sie ihm Mut machen.

Bevor Sie also beginnen, einem Kind für irgendein Verhalten (auch wenn es noch so erwünscht ist) Mut zu machen, sollten Sie sich gut überlegen, ob das Kind dieses Verhalten auch zeigen kann und ob Sie bei diesem Kind auch die notwendige Glaubwürdigkeit besitzen.

11.4 Kontingenz beim Vormachen

Kontingenz beim Vormachen bedeutet, dass Sie ein Verhalten, das Sie dem Kind zeigen, vorleben, vormachen, prinzipiell auch dann zeigen könnten, wenn das Kind nicht zuschaut. Das bedeutet beispielsweise, dass Sie einem Kind durch Vormachen nur dann Literacy vermitteln können, wenn Sie selbst Freude am Lesen und Schreiben haben. Sie können eine gewählte Ausdruckweise nur dann durch Vormachen vermitteln, wenn Sie nicht außerhalb der Kindergartenmauern fluchen wie ein Kesselflicker. Sie können einem Kind nur dann christliche Werte vorleben, wenn Sie diese für sich selbst (auch hinter verschlossenen Türen) beherzigen und überzeugt leben.
Vielleicht meinen Sie jetzt: „Das sieht das Kind doch nicht und mein Privatleben geht niemanden etwas an." Aber das ist ein Irrtum. Erstens: Das Kind spürt die Inkontingenz eben doch und zweitens: Ihr Privatleben geht wirklich niemand etwas an, aber dann wählen Sie doch besser in solchen pikanten Fällen ein anderes Erziehungsmittel!

11.5 Kontingenz beim Erklären

Hier bedeutet Kontingenz, dass eine Erklärung für eine bestimmte Verhaltensweise Hand und Fuß haben sollte. Sie sollte durchdacht sein, in sich stimmig. Das gilt für moralische Erklärungen ebenso wie für – sagen wir mal – naturwissenschaftliche Erklärungen. Wenn Sie einem Kind ein naturwissenschaftliches Phänomen erklären möchten, sollten Sie das Phänomen so gut verstehen, dass Sie selbst mit der Erklärung zufrieden sind. Sie müssen deshalb kein Teilchenphysiker werden, sollten aber Ihrem Wissensdurst und Entdeckungsdrang auch keine Grenzen setzen. Haben Sie aus der Schule mitgenommen, dass dieses oder jenes Fachgebiet blöd und langweilig ist? Wenn Sie sich da mal nicht täuschen! Die Kinder finden das nämlich gar nicht. Also auf geht's, gehen Sie auf Entdeckungsreise.
Das Gleiche gilt für moralische Werte. Stellen Sie sich den Warum-Fragen lieber einmal öfter als zu selten. Fragen Sie sich selbst, warum die Dinge sind, wie sie sind und ob sie eigentlich immer so bleiben müssen. „Ändern muss sich gar nichts, denn sonst wär's ja längst gescheh'n!" – das gilt nicht. Wenn Sie nicht neugierig sind, werden Sie nichts richtig erklären können.

11.6 Kontingenz beim Ausprobierenlassen

Der Reiz am Ausprobieren ist ganz einfach der, dass man ausprobieren darf. Auch dann, wenn die Versuche des Kindes in eine ganz andere Richtung gehen, als das von der Pädagogin vielleicht geplant war. Auch dann, wenn die Versuche des Kindes in eine Richtung gehen, die möglicherweise gefährlich ist. Wer Freiheit verspricht, muss auch Freiheit gewähren – das bedeutet Kontingenz in diesem Fall.

Beispiel

Wenn ein Kind in einem Waldkindergarten bereits im ersten Stockwerk eines Baumes von den besorgten oder schimpfenden Rufen der Pädagogin aufgehalten wird, weil es doch viel zu gefährlich ist, so hoch herumzuklettern, dann ist das fehlende Kontingenz.

Sie sehen: Kontingenz beim Ausprobierenlassen bedeutet, ein Risiko einzugehen. Dieses Risiko muss jedoch natürlich überschaubar sein. Darum würde ich den Waldkindergarten nicht gerade an einer Stelle aufbauen, wo Kletter-

bäume herumstehen, die 15 Meter hoch sind. Wenn das Risiko nicht überschaubar ist, wählen Sie ein anderes Erziehungsmittel. Beim Ausprobierenlassen müssen Sie immer mit einem Risiko rechnen. Und vergessen Sie dabei nicht, dass die Kinder Ihrer Sorgfalt anvertraut wurden – unter Umständen von sehr besorgten Eltern.

Wenn ein Kind etwas in einem Sinn ausprobiert, den Sie nicht vorgesehen haben, soll es das trotzdem tun dürfen. Wenn Sie ein naturwissenschaftliches Experiment aufgebaut haben und die Kinder begeistern sich für etwas, das von Ihnen eigentlich gar nicht gewünscht war, dann nutzen Sie doch diese Begeisterung, anstatt die Kinder wieder in die geplanten Bahnen zu zwingen. Das bedeutet Kontingenz. Wer Freiheit verspricht, muss auch Freiheit gewähren.

11.7 Kontingenz beim Geben von Anregungen

Der Reiz an der Anregung ist, dass ein Kind nur bis exakt zu dem Punkt angeregt wird, an dem es von selbst wieder weiterkommt. Kontingenz bedeutet, genau diesen Punkt einzuhalten, auch wenn es einem in den Fingern juckt. Wenn Sie in der Bastelecke eine hübsche Papierblume falten möchten und das Kind an einer Stelle nicht mehr weiß, wie der nächste Schritt ist, dann zeigen Sie ihm diese Stelle und geben das Faltobjekt danach wieder in die Hände des Kindes – auch dann, wenn die Blume hinterher aussieht wie ein Seeigel.

Wenn Sie Umgangsformen anregen wollen, lassen Sie dem Kind Raum für seine Individualität. Dressieren Sie das Kind nicht, sondern regen Sie es bis zu dem Punkt an, wo das Kind von selbst, mit eigenen Mitteln zum erwünschten Ziel kommt. Wenn Sie beispielsweise wollen, dass die Kinder morgens die Pädagoginnen grüßen, dann geben Sie nicht die komplette Verhaltensweise vor, sondern nur die Idee, die dahintersteckt. Und wenn das Kind dann eine individuelle Form der Begrüßung entwickelt, die charmant ist und die Stimmung hebt, aber nicht den allgemeinen Konventionen entspricht, warum nicht? Freuen Sie sich mit und nörgeln nicht herum.

11.8 Kontingenz beim Schimpfen

Kommen wir zu den unangenehmen Erziehungsmitteln. Vorneweg zunächst wieder die Ermahnung: In der Regel sind unangenehme Erziehungsmittel eher von geringer Wirkung und zeitlich kurzer Dauer. Es gibt jedoch Fälle, in denen sie sinnvoll oder gar notwendig sind – für diese Fälle gilt aber auch hier immer: Sie müssen kontingent sein.

Was bedeutet Kontingenz beim Schimpfen? Im Prinzip ganz einfach: Wenn Sie schon schimpfen, dann **zu Recht** und **gerecht**!
Schimpfen Sie nur, wenn der Grund Sie zum Schimpfen berechtigt. In der Regel bedeutet das, dass man sich sicher sein sollte, dass man „gesteuert", also kontrolliert schimpfen kann. Wer die Fassung verliert, schimpft meistens zu Unrecht und die falsche Person.
Achten Sie darauf, dass Sie das Schimpfen als Erziehungsmittel begreifen, das Sie bewusst einsetzen, um bei dem Kind einen bestimmten Effekt zu erzielen und nicht als Mittel, um angestauten Überdruck loszuwerden. Achten Sie ebenfalls darauf, dass Sie gerecht schimpfen, also ohne Ansehen der Person. Man schimpft gerne die Kinder, die einem sowieso unsympathisch sind. Wenn Sie in einer bestimmten Situation ein Kind schimpfen, müssen Sie sich sicher sein, dass Sie Ihr „Schätzchen" in derselben Situation ebenfalls schimpfen würden – und müssen das dann gegebenenfalls auch wirklich tun. Das meint gerechtes Schimpfen.

11.9 Kontingenz beim Sperrzoo (und anderen ähnlichen Situationen)

Es ist bereits angeklungen: Die große Gefahr bei allen Aktivitäten in Richtung „Sperrzoo" ist, dass sie wesentlich mehr Aggressionen erzeugen, als vor Beginn vorhanden waren. Wenn die Situation durch den „Sperrzoo" eskaliert, wenn das Kind also beispielsweise immer mehr strampelt und um sich tritt, dann geht das ganz schnell in Richtung Gewaltanwendung und dann ist es würdelos, unzulässig und katastrophal. Sie sind dann gezwungen, abzubrechen und haben als Ergebnis ein wütendes und verzweifeltes Kind und Ihnen selbst geht es wahrscheinlich noch schlechter. Das müssen Sie vermeiden.
Kontingenz beim Sperrzoo bedeutet, dass für alle bekannt und sicher sein muss, dass die Aktion bis zum guten Ende durchgeführt wird. Und das gelingt in der Regel nur in harmlosen Fällen – bei solchen Fälle, wo es genügt, das Kind ruhig und fest an den Schultern zu fassen, ihm in die Augen zu schauen und irgendwas Leises zum Kind zu murmeln.
Kontingenz beim Sperrzoo bedeutet auch, dass Sie, bevor die Situation eskaliert, unbedingt zu einem anderen Erziehungsmittel übergehen sollten (beispielsweise der Auszeit). In dem Moment, wo Sie einen Sperrzoo einrichten, bedeutet das eine ziemlich drastische Maßnahme. Wenn Sie diese schon durchführen, muss sie letztlich auch zum Erfolg führen. Das müssen Sie gewährleisten können und das bedeutet dann Kontingenz. Wenn Sie unsicher sind, benutzen Sie andere Erziehungsmittel!

11.10 Kontingenz bei der Auszeit

Denken Sie an den Grund, aus dem eine Auszeit verhängt wird: Eine unerwünschte Verhaltensweise wurde gezeigt, die bestraft werden soll. Konsequenterweise muss also die Auszeit genau dann aufhören, wenn das Kind in der Lage ist, die erwünschte Verhaltensweise (anstelle der unerwünschten) zu zeigen. In der Regel kann ein Kind das selbst am besten abschätzen. Kontingenz bedeutet also in diesem Fall, dass die Dauer der Auszeit nicht dadurch geregelt wird, dass das Kind für eine bestimmte Zeit „weggesperrt" wird, die Sie festgelegt haben. Es kann sein, dass diese Zeit zu lang (oder zu kurz) ist, und das Kind dadurch genau die Aggressionen erneut aufbaut, die es vorher vielleicht verloren hat (oder es noch gar nicht in der Lage ist, die erwünschte Verhaltensweise zu zeigen).

Vielleicht sind Sie von einer freien Wahl der Dauer der Auszeit durch das Kind nicht gerade überzeugt? Dann probieren Sie es zunächst einfach in solchen Situationen, wo Sie den Kindern die selbständige Wahl der Dauer zutrauen (also in weniger „dramatischen" Fällen). Sie werden sehen, wie sehr die Kinder diese Freiheit wertschätzen und wie deutlich die Würde des Kindes lediglich von der Tatsache angegriffen wird, dass es eingesperrt ist. Wenn die Kinder gelernt haben, dass ihre freie Entscheidung richtig war und respektiert wird, können Sie mit ihnen auch in schwierigeren Fällen die freie Entscheidung wagen.

Übrigens kann es besonders in dramatischen Fällen sinnvoll sein, die Auszeit in zwei Phasen zu trennen: In der ersten Phase schließen Sie selbst die Tür zu (oder verriegeln Sie sogar) und öffnen die Tür nach einer Zeitspanne, in der Sie sicher sind, dass das Kind sich soweit beruhigt hat, dass es selbständig und kontrolliert entscheiden kann, wie viel Auszeit ihm selbst noch gut tut. Generell gilt: Die Gefahr der Würdelosigkeit des Verfahrens bei Auszeiten muss immer im Auge behalten werden!

Kontingenz zeigt sich aber auch in den anderen Punkten, die bereits im entsprechenden Kapitel angedeutet wurden. Das bedeutet konkret, dass Sie eine Auszeit nicht nur androhen dürfen, sondern im jeweiligen Fall auch sicher durchführen müssen. Die Androhung der Auszeit nützt nur etwas, wenn sie im entsprechenden Fall auch erfolgt. Das bedeutet auch, dass das Kind eine Chance haben muss, sein Verhalten noch vor der Umsetzung der Auszeit zu verändern. Ebenso muss das Kind die Chance bekommen, sich und sein Verhalten zu erklären. Und das bedeutet nicht zuletzt, dass nach der Auszeit und dem gezeigten erwünschten Verhalten tatsächlich alles wieder gut sein muss. Also keine Sticheleien oder Anspielungen!

11.11 Kontingenz beim Wiedergutmachen

Das wichtigste Kontingenzprinzip beim Wiedergutmachen ist, dass durch die jeweils durchgeführte Handlung der Schaden tatsächlich wieder gut gemacht wird. Symbolische Wiedergutmachungsaktionen sind nur dann sinnvoll, wenn das Kind bereits in der Lage ist, ein Symbol als „Ersatz" für den tatsächlichen Schaden zu begreifen. Ich bin nicht sicher, ob hier nicht häufig viel zuviel von den Kindern verlangt wird.

Kontingenz bedeutet, dass der Schaden wiedergutgemacht wird. Das kann heißen, dass Sie selbst dem Kind bei der Wiedergutmachung helfen müssen (weil es das alleine gar nicht hinbekommt). Das kann bedeuten, dass Sie selbst genau beschreiben müssen, welches Ziel mit der Wiedergutmachung dann tatsächlich verbunden ist. Also keine ungefähren Beschreibungen im Sinne von: „Wenn die Lina wieder glücklich ist, dann hast Du es richtig gemacht." Alle diese Dinge münden letztlich in der wichtigsten Bedingung bei Kontingenz im Fall der Wiedergutmachung: Die Wiedergutmachung muss verhältnismäßig sein. Und zwar nicht für Sie als Pädagogin, sondern für das Kind. Sie muss in einem Verhältnis zum angerichteten Schaden stehen, das auch für das Kind angemessen wirkt und nicht durch eine als ungerecht empfundene Unangemessenheit zu erneuten Aggressionen führt.

11.12 Kontingenz im „einfachen Vorleben"

Eigentlich ergibt sich die Bedeutung der Kontingenz in diesem Fall fast von selbst: Man muss das, was man vorzuleben gedenkt, auch tatsächlich von innen heraus wollen. Man muss von dem Sinn dessen, was man vorlebt, überzeugt sein. Tut man dies nicht, so merkt es das Kind und bezweifelt zu Recht die Echtheit des Vorgelebten auch dann, wenn Sie Ihre „Verstellung" konsequent durchziehen. So einfach ist das.

11.13 Kontingenz bei den Ritualen

Anders verhält es sich bei den Ritualen. Der Besonderheit des Rituals unterziehen Sie sich gemeinsam mit dem Kind. Dabei merkt das Kind, dass auch für Sie diese Handlung nicht unbedingt etwas „natürliches" ist, also etwas, das sich auch im „einfachen Vorleben" so ergeben würde und akzeptiert dadurch auch eine gewisse „Unnatürlichkeit" des Rituals ohne Widerspruch. Die Kontingenz bedeutet in diesem Fall, dass das Ritual regelmäßig und zuverlässig stattfinden muss. Rituale, die nur manchmal durchgeführt werden (können), sind inkontingent und daher eher wirkungslos.

12 Vom Sinn dessen, was wir tun

Manchmal ist es gut, sich generell zu hinterfragen. Hinterfragen, was man tut – das haben wir in den vergangenen Kapiteln zu Genüge getan. Hinterfragen, warum man es tut – das sollten wir auch noch tun. Und dazu ist dieses Kapitel da.

Es gibt ein berühmtes Zitat aus einer babylonischen Keilschrift, das da lautet:

„Unsere Jugend ist heruntergekommen und zuchtlos. Die jungen Leute hören nicht mehr auf ihre Eltern. Das Ende der Welt ist nahe."

Es scheint damals ziemlich schlecht gelaufen zu sein mit der Erziehung.

Manchmal frage ich mich, ob es denn besser geworden ist. Die Pädagogik als wissenschaftliche Disziplin ist rund 300 Jahre alt. Hat sie was gebracht? Die Antwort scheint logisch: Wenn ja, dann müssten die „Ergebnisse" dieser Pädagogik seit 300 Jahren die Welt doch viel besser gemacht haben. Wir müssten doch eigentlich in paradiesischen Zuständen leben. Die Umweltverschmutzung müsste auf Null reduziert worden sein, es dürfte keine Kriege mehr geben, Arbeitslosigkeit müsste ein Fremdwort aus alten Tagen sein. Naja, vielleicht ist das etwas utopisch, schließlich gehen die meisten Länder dieser Erde mit ihren Kindern nicht gerade pädagogisch optimal um. Aber wie ist das mit Deutschland, wo die Pädagogik als wissenschaftliche Disziplin erfunden wurde? Hat sich was getan? Selbst wenn man Optimist ist, könnte man eigentlich fragen: Hat sich *genügend* getan?

Ich glaube nicht. Sind die Menschen also nicht besser geworden? Wozu hat man sie dann aber eigentlich erzogen? Hätte man die Erziehung nicht auch einfach weglassen können? Die Kinder „einfach so" groß werden lassen? Vielleicht einfach nur die Befriedigung ihrer natürlichen Bedürfnisse gewährleisten und alles andere dem Zufall überlassen?
Wozu gibt es uns Pädagogen, wenn wir die Kinder (und damit die Welt der Zukunft) nicht besser machen können? Was ist der Sinn der Pädagogik?

Ich will Ihnen zwei vielleicht etwas merkwürdige Antworten auf diese Frage geben. Antworten, die Ihnen vielleicht weiterhelfen können, obwohl sie, streng genommen, nie bewiesen werden können.

12.1 Wir können gar nicht anders, also machen wir das Beste daraus

Stellen Sie sich einfach einmal vor, wie Sie in einer normalen Kindergartensituation Ihren Alltag erleben:

Beispiel
Sonja schnippelt voller Begeisterung mit der Schere los. Sie will ein rosa Herz aus Tonpapier ausschneiden und das dann ihrer Mama schenken. Sie kann die Schere noch nicht richtig führen und trifft die Linie der Vorlage nicht. Völlig frustriert bricht sie in Tränen aus und weint: „Ich kann das nicht, ich schaffe das nicht!"

Können Sie ruhig daneben sitzen bleiben und sagen „Die Sonja, die wird das schon eines Tages schaffen"? Können Sie wirklich die Frustration dieses Kindes ertragen? Vielleicht schaffen Sie das. Aber dann doch nur, weil Sie sich davor etwas überlegt haben, nämlich etwas, das dann zum größeren Wohl des Kindes dient. Eigentlich zieht alles in Ihnen doch in Richtung des Wunsches, der kleinen Sonja zu helfen, mit dem Leben (und dieser Schere) besser klar zu kommen, als sie es bisher tut.

Aber schaffen Sie es, einfach völlig gleichgültig zu sein? Nehmen wir einfach einmal an, das wäre tatsächlich möglich, Sie wären also ein kalter Klotz und könnten den Nöten und Ängsten, einfach allen Zuständen der Kinder völlig gleichgültig gegenüber stehen. Oder noch deutlicher: Wenn Sie den Zuständen einfach aller Menschen, der Kinder und Erwachsenen rings um Sie herum einfach nur noch gefühllos zusehen würden, was würde denn dann mit Ihnen selbst geschehen? Mit Ihrer Psyche? Würden Sie nicht innerhalb kürzester Zeit völlig unglücklich werden?
Was können wir tun, wenn wir selbst glücklich sein wollen?

Aufgabe
Gründen Sie einmal eine kurze Diskussionsrunde und fragen sich in einer kleinen Gruppe, was es eigentlich letztlich ist, das uns selbst glücklich macht. Wenn Sie dabei so oberflächliche Ergebnisse erzielen, wie „ein neues Auto", dann fragen Sie sich mal, was wäre, wenn Sie das schönste Auto auf der Welt hätten, aber diese Welt außer Ihnen ohne Menschen wäre ...

Glück steht immer im Zusammenhang mit einem anderen Menschen, dem wir etwas wie Glück bereiten, den wir aufheitern möchten, der sein Glück mit uns teilt, der das Gute, das wir geben, wieder zurückgibt. Glück geht nie alleine.

Haben Sie einmal beim Metzger gesehen, was die Fachverkäuferinnen bei kleinen Kindern tun? Sie geben den Kindern ein Stückchen Wurst. Machen Sie das deshalb, weil sie das Geschäft ankurbeln wollen, oder machen sie das, weil sie das Leuchten der Kinderaugen sehen wollen – und dadurch selbst glücklicher werden?

Nein, man kann einem Kind (besonders in seinem Unglück) nicht gleichgültig gegenüber stehen – man würde selbst unglücklich werden. Alles in uns zieht uns dahin, den Kindern zu helfen, glücklich zu sein. Wahrscheinlich tun wir das bei den Erwachsenen nur deshalb nicht auch, weil diese ihr eigenes Glück eifersüchtig geheim halten. Wahrscheinlich tun wir das bei Kindern so gerne, weil die ihr Glück spontan äußern – und uns daran teilhaben lassen. Oder ist es doch so, dass das Glücksempfinden und auch der Glücksausdruck bei erwachsenen Menschen lange nicht mehr so ausgeprägt ist durch das ganze verkrampfte Pflichttun und sich Zusammenreißen und dass es vielleicht auch schwerer ist, bei einem erwachsenen Menschen den Punkt zu treffen, der ihn zum Strahlen bringt. Ich weiß es nicht. Aber eins weiß ich: Andere glücklich machen, das ist mit Sicherheit eine der besten Möglichkeiten, selbst glücklich zu werden!

Wir können gar nicht anders, als Kinder zu ihrem Glück zu führen. Weil wir selbst dadurch glücklich werden. Weil wir Menschen sind und Glück brauchen.

Wenn Erziehung zu „guten" oder „richtigen" Verhaltensweisen führen soll, was könnten solche Verhaltensweisen dann letztlich nur sein? Solche, von denen wir denken oder hoffen, dass sie die Kinder auf lange Sicht glücklich machen?

Wenn das so ist, dann erziehen wir letztlich, weil wir selbst das Glück der Kinder erleben möchten – um dadurch selbst glücklicher zu werden. Kann das aber ein ehrenhaftes Motiv dafür sein, Kinder zu erziehen?

Ich glaube, es ist auf jeden Fall eines der wichtigsten Motive der Erziehung. Wir erziehen, weil wir uns am Glück der Kinder, die wir erziehen, „laben", ihr Glück genießen möchten.

Es kommt darauf an, dieses Glück in den Kindern wirklich geschehen zu lassen. Und ich finde, dafür ist Pädagogik da. Sie sucht nach möglichst sicheren, zuverlässigen Wegen, Glück bei Kindern entstehen zu lassen – um uns selbst, die wir erziehen, auch glücklicher zu machen.

Eine Disziplin, die versucht, das Glück auf dieser Welt zu suchen, kann eigentlich nicht schlecht sein, oder?

Aber warum ist es dann bisher noch nicht so viel besser geworden mit dem Glück, oder finden Sie, dass diese Welt dramatisch besser geworden ist in den letzten Jahrhunderten oder Jahrtausenden?

Vielleicht sagen Sie jetzt: „An manchen Stellen schon." und gleichzeitig: „An anderen Stellen ist es schlimmer geworden."

Etwas platt gesagt: Wir haben zwar mittlerweile immer warmes und sauberes Wasser zum Waschen und Trinken (das gab es früher nicht), dafür haben wir aber die Klimaerwärmung (das haben wir verbockt).

Mit anderen Worten: Das Loch, das wir stopfen, reißt an einer anderen Stelle wieder neu auf. Das Glück, das wir schaffen, schafft automatisch an einer anderen Stelle ein Unglück. Und es hat fast den Anschein, als ob es auf dieser Welt nur ein bestimmtes Quantum „Glück" gibt, das wir immer wieder „verschieben" können, aber nicht vergrößern. So, als ob wir zum Stopfen der „Unglückslöcher" immer nur eine bestimmte Menge an Dichtungsmaterial zur Verfügung hätten, das wir gewissermaßen immer aus den alten Löchern, die Generationen vor uns gestopft haben, herausziehen.

Ist das so, oder ist das Glück „mehr" geworden? Ich habe nicht den Eindruck, als ob es mehr geworden sei. Also noch mal die Frage, wozu dann Pädagogik?

Könnte es so sein, dass Pädagogik einfach nur versucht, herauszufinden, wo die „Unglückslöcher" am größten sind, damit man sie dort stopfen kann und damit am ehesten noch das Schiff am Schwimmen hält?

Wenn dem so wäre, fände ich es gut, dass das jemand tut! Wenn Sie also nur dazu da sind, das Schiff am Schwimmen zu halten, weil es sonst vielleicht untergehen würde, dann ist das doch ein fantastischer Job! Pädagogen als Rettungspersonal der Welt? Warum nicht!

Aber ist es denn wirklich so, dass diese Welt die Tendenz zum „Absaufen" gewissermaßen in sich selbst trägt?

12.2 Wenn wir nichts täten, würde alles untergehen

Es scheint fast so, als ob die Welt tatsächlich ein Prinzip in sich tragen würde, das irgendwie so lautet: „Wenn man nichts tut, wird alles schlimmer." Oder: „Von alleine wird nichts besser."

Nehmen wir Ihr eigenes Zimmer. Was geschieht, wenn Sie es nicht permanent aufräumen? Klar, es wird automatisch verwüstet, wie von selbst. Selbst wenn Sie es über Jahre nicht betreten würden, öffneten Sie dann wieder die Tür, würde alles fürchterlich aussehen. Staub würde herumliegen, Spinnen würden herumkrabbeln, alles wäre eklig und unschön.

Aber wenn Sie sich bemühen, Ihr Zimmer immer schön ordentlich zu halten, bekommen Sie es selbst bei größter Mühe niemals hin, dass es sich „von selbst" aufräumt. Sie sind gefragt. Immer muss der Mensch etwas tun, um den Zustand des Verfalls aufzuhalten.

Als wäre dies nicht schlimm genug, haben wir auch noch nur eine begrenzte Zeit (und Kraft) zur Verfügung, das alles auch richtig zu machen. In der Zeit, in der Sie Ihr Zimmer aufräumen, können Sie nicht gleichzeitig ein anderes Zimmer aufräumen. Man könnte sagen: Der Preis für ein aufgeräumtes Zimmer ist ein unaufgeräumtes Zimmer. Aber würden wir gar nicht aufräumen, würden beide Zimmer verwüsten ...

Warum das so ist? Ich weiß es nicht. Aber dieses Prinzip finden Sie überall. Als kleiner Junge dachte ich, ich hätte die beste Idee aller Zeiten: Wenn man nämlich an ein Propellerflugzeug hinten einen Propeller anbinden würde, der die Batterie auflädt, mit der der vordere Propeller dann wieder läuft, dann müsste man eigentlich nur noch dafür sorgen, dass die Sache in Schwung kommt, und dann flöge das Flugzeug ewig weiter. Völlig begeistert brachte ich meine Idee zu meinem Vater und kann mich noch an das wehmütige, wissende Lächeln meines Vaters erinnern und höre ihn noch heute: „Jörg, das wäre was!" – Aber es geht nicht.

Es ist überall so: Es ist einfach, dafür zu sorgen, dass das Gas in Ihrem Feuerzeug ausströmt und sich in der Umgebungsluft verflüchtigt. Aber ist es genauso einfach, das Gegenteil zu bewirken? Dass das Gas sich gewissermaßen „von selbst" wieder in Ihrem Feuerzeug versammelt?

Es ist einfach, einen Gemüsegarten verkrauten zu lassen – man muss eigentlich nichts tun, dass es geschieht. Aber durch Nichtstun wird der Gemüsegarten nicht unkrautfrei.

Immer dann, wenn man will, dass etwas seinen Wert erhält oder gar irgendwie „wertvoller" wird, muss man Arbeit leisten. Und wenn man diese Arbeit nicht mehr leistet, zerfällt alles von selbst wieder. Das ist furchtbar, aber so ist es.

Man treibt von selbst den Bach herunter, aber man treibt nie von selbst den Bach wieder herauf. Dafür muss man schwimmen. Täte man es nicht, triebe man von selbst ab.

Wichtig für die Pädagogik ist aber Folgendes: Wenn wir dieses Prinzip auf die Erziehung übertragen und begreifen, dass Erziehung eine Form von Arbeit ist, die wir in einen Menschen investieren, um diesen irgendwie „wertvoller" zu machen, dann muss uns automatisch klar sein: Wenn wir das nicht täten, triebe alles in den Untergang, ins große Meer, ins Chaos.

Pädagogik ist also so etwas ähnliches, wie gegen den Strom anzuschwimmen (obwohl man vielleicht nicht vorankommt), das Zimmer aufzuräumen (obwohl es von selbst wieder unordentlich wird), die Wäsche zu waschen (die ja doch wieder schmutzig wird), das Gas ins Feuerzeug bringen (das dann doch wieder abgefackelt wird), den Ball in die Luft werfen (der dann von selbst wieder herunterfällt), das Unkraut zu jäten (das von selbst wieder wächst) – das Glück in der Welt zu bringen (das dann von selbst wieder zu Unglück wird).

Und wem das zu mühsam erscheint, der mag doch Folgendes überlegen: Wer gegen den Verfall kämpft, hilft dem Gegenstand seiner Arbeit dabei, an seine besten Möglichkeiten heranzukommen. Helfen Sie dem Zimmer dabei, gemütlich zu sein. Helfen Sie dem Garten dabei, schön und fruchtbar zu sein. Helfen Sie dem Kind dabei, sich auf seine Entdeckungsreise in der Welt zu konzentrieren, in der es sich selbst und die Wunder um sich herum kennen lernt, anstatt seine ganze Kraft darauf verwenden zu müssen, Grenzen zu übertreten und Regeln zu hinterfragen.

Und vielleicht lohnt es sich sogar noch darüber hinaus für den, der sich die ganze Mühe macht:

Ein Garten, der gepflegt und von Unkraut freigehalten wird, trägt Früchte, die den Gärtner ernähren können. Ein Zimmer, das aufgeräumt ist, ist ein behaglicher Wohnort, der einen beschützt und an dem man sich erholen kann. Ein Kind, dem dazu verholfen wird, seine Talente zu leben und im sozialen Miteinander seinen Platz zu finden, wird wiederum seine Kinder ähnlich erziehen –und auch mit den eigenen Eltern liebevoll umgehen, wenn die selbst nicht mehr so gut können.

Auch wenn es manchmal vielleicht so scheint, als ginge die ganze Kraft und Energie, die wir ins Erziehen stecken, in den Widerständen und immer wieder neu entstehenden Anforderungen verloren, finde ich, dass das, was gut ist, sich fortsetzt und sich vielleicht sogar weiter ausbreitet.

13 Workshop

Noch „praktischer" oder konkreter als in den vorangegangenen Kapiteln geht es nicht. Aber an dieser Stelle soll Platz sein für einige Beispiele, die noch mal zeigen, wie unterschiedliche Erziehungsmittel angewendet werden können.

Dabei habe ich Beispiele ausgewählt, die ich selbst erlebt habe und von denen ich der Meinung bin, dass dort die falsche Verhaltensweise zum falschen Zeitpunkt angewendet wurde. Daneben habe ich Ihnen einen Alternative aufgeschrieben, bei der ich der Meinung bin, dass man es so besser machen könnte. Versuchen Sie bei dem Ganzen aber bloß nicht, die Situation auf ähnliche Situationen Ihres Lebens zu übertragen und dann die jeweils von mir empfohlenen Verhaltensweisen einzusetzen. So einfach funktioniert Erziehung nicht. Es gibt keine ähnlichen Situationen und deshalb eigentlich auch keine „Standarderziehungsmittel".

In diesem Workshop geht es auch gar nicht darum, sondern Sie sollen anhand verschiedener konkreter Situationen (und einigen Hilfsfragen meinerseits) versuchen, die Erklärung für das jeweils richtige oder falsche Verhalten zu suchen. Es geht als darum, konkretes erzieherisches Nachdenken zu üben.

Wir haben in diesem Workshop einerseits die konkrete Situation, wie sie stattgefunden hat und andererseits die Situation, wie sie (meiner Meinung nach) besser stattgefunden hätte. Zwischendrin finden Sie wie gewohnt Erläuterungen sowie Aufgaben und im direkten Anschluss daran die jeweilige Lösung. Wenn Sie den Workshop richtig nutzen wollen, lesen Sie die Lösung bitte immer erst dann, wenn Sie die Aufgabe bereits gründlich bearbeitet haben.

13.1 Erstes Beispiel

Vorgeschichte

Die Pädagogin will mit zehn Kindern gemeinsam eine Schatzsuche in der Turnhalle durchführen. Sie hat eine Schatzkarte gezeichnet, auf der Berge, Sümpfe, Seen, Lianen und andere Hindernisse aufgezeichnet sind. Diese Hindernisse sind in der Turnhalle aufgestellte Geräte, über die die Kinder klettern sollen, an denen sie sich entlang hangeln müssen usw.
Das Spiel wird von allen Kindern begeistert angenommen, außer von Jona – der stört ganz gewaltig. Das führt dazu, dass die Aktivität irgendwie plötzlich nicht mehr so „flutscht", sondern immer mehr ins „Wackeln" gerät. Die Pädagogin bemerkt das und runzelt die Stirn.

13.1.1 So ist die Situation (leider) abgelaufen

Die Pädagogin ignoriert das Verhalten von Jona und wendet sich stattdessen den anderen Kindern zu, indem sie ihnen mehr lautere Anweisungen darüber gibt, was diese als nächstes machen sollen.

Aufgabe

Obwohl die Pädagogin das Verhalten von Jona bemerkt und als störend empfindet, reagiert sie nicht, ignoriert Jonas Verhalten. Was vermuten Sie als tatsächlicher Grund für dieses Ignorieren von Seiten der Pädagogin?

A

Lösung

Wahrscheinlich weiß sie einfach nicht, wie sie mit Jonas Verhalten umgehen soll und hat bei der Durchführung der Aktivität auch wirklich nicht den Kopf dazu. Sie betreibt eine Art „Vogel Strauß Politik". Sie weiß nicht, dass ein Nachdenken darüber, was jetzt das Richtige wäre, von den Kindern praktisch nicht bemerkt würde, weil diese Überlegung mit etwas Übung blitzschnell gehen würde.

Um die Situation in den Griff zu bekommen, gibt die Pädagogin den Kindern ziemlich strikte Anweisungen. Der ursprüngliche Plan, dass die Kinder den Schatz anhand der Schatzkarte selbst „entdecken", selbst sehen sollten, dass als nächstes eine steile Bergwand kommt, an der man sich entlang hangeln muss, wird von ihr aufgegeben, weil sie spürt, dass die Kinder ihr zu entgleiten drohen. Darum sagt sie laut: „Da vorne ist die Bergwand, an der müsst ihr jetzt entlang klettern." Das finden die Kinder ziemlich langweilig. Jona macht noch immer Quatsch. Steffen fängt an, mitzumachen. Die beiden gehen zu einer Übung zurück und balancieren auf eigene Faust über den Schwebebalken. Die Erzieherin schimpft: „He, ihr zwei, die Schatzsucher sind doch schon ganz woanders, kommt zurück zur Gruppe". Darauf Jona: „Das ist doch gar keine Schatzsuche, wir machen doch nur Turnübungen." Die Pädagogin ignoriert daraufhin, was die beiden machen.

Aufgabe

Schwere Frage: Was ist an der Aussage der Pädagogin, „Die Schatzsucher sind doch schon woanders", falsch?

A

Lösung

Indem die Pädagogin immer noch auf der spielerischen Ebene bleibt (sie „spielt", als ob das eine „echte" Schatzsuche wäre) und ihre Rüge in dieses Spiel mit einbaut, wird die Rüge selbst zum Bestandteil des Spieles. Die beiden nehmen die Rüge als solche zwar wahr. Da sie das Spiel aber nicht ernst nehmen, nehmen sie auch die Rüge nicht ernst. Die Rüge wird als nicht ernst gemeint wahrgenommen.

Jona und Steffen stören nun zu zweit. Sie gehen zu anderen Übungen und bauen die Anordnung um, sie verschieben Bänke, ziehen die bunten Tücher, die den „See" darstellen sollten, über ihren Kopf und hüpfen so durch den Raum. Die Pädagogin schreit die beiden Kinder ganz laut an: „Jetzt hört endlich auf damit, merkt ihr nicht, dass ihr alle anderen stört?"

Aufgabe

Erzieherische Verhaltensweisen sollen den Kindern die Würde belassen. Wo tut dies die Pädagogin nicht? Was macht sie falsch?

Lösung

Die Pädagogin verliert die Fassung. Sie ist empört, weil die Kinder ihre schön geplante Aktivität sabotieren. Sie nimmt die Kinder als persönliche „Gegner" wahr und behandelt sie mit entsprechendem Ernst und Unbeherrschtheit. Die Kinder sind durch diesen unkontrollierten Zornesausbruch irritiert.

Jona und Steffen sind irritiert, sie wollten doch nur Quatsch machen und dafür werden sie jetzt auch noch so laut angeschrien. Maulend hocken die beiden sich auf eine Bank und machen dort nach kurzer Pause leise weiter Quatsch. Die Pädagogin zieht mit den anderen Kindern die Schatzsuche bis zum Ende durch. Die Kinder „entdecken" eher lustlos die Dose mit den Gummibärchen. Die Pädagogin meint „Weil ihr beide nicht brav wart, bekommt ihr auch keine Gummibärchen." – Jona sagt: „Wir mögen gar keine Gummibärchen." und denkt: „… und die Pädagogin mögen wir auch nicht mehr."

Aufgabe

Wäre es richtig gewesen, den beiden doch Gummibärchen zu geben? Warum?

Lösung

Nein, denn man würde sie mit den Gummibärchen für ihr Fehlverhalten auch noch belohnen.

Aufgabe

Ist es richtig, den beiden keine Gummibärchen zu geben?

Lösung

Auch nicht, denn es entsteht eine Art „Grollatmosphäre", die ein offenes Ende hat. Die Störsituation ist zwar vorbei, aber damit ist noch lange nicht wieder alles gut. Letztendlich haben die beiden als zeitlich überdauernde Verhaltensweise nur gelernt, dass sie gegen die Willkür der Pädagogin machtlos sind. Das schadet dem Ansehen der Pädagogin und ihr erzieherischer Einfluss wird dadurch eher abnehmen.
Insgesamt ist die Situation gegen Ende des Angebots so verfahren, dass eigentlich kein Verhalten mehr wirklich richtig ist.

13.1.2 So könnte man die Situation retten

So weit, so schlecht. Wie könnte die gleiche Situation ablaufen, wenn die Pädagogin all das bedenken würde, was wir in diesem Buch besprochen haben? Erinnern Sie sich noch einmal an die Anfangssituation:

Die Pädagogin will mit zehn Kindern gemeinsam eine Schatzsuche in der Turnhalle durchführen. Sie hat eine Schatzkarte gezeichnet, auf der Berge, Sümpfe, Seen, Lianen und andere Hindernisse aufgezeichnet sind. Diese Hindernisse sind in der Turnhalle aufgestellte Geräte, über die die Kinder klettern sollen, an denen sie sich entlang hangeln müssen usw.

Das Spiel wird von allen Kindern begeistert angenommen, außer von Jona – der stört ganz gewaltig. Das führt dazu, dass die Aktivität irgendwie plötzlich nicht mehr so „flutscht", sondern immer mehr ins „Wackeln" gerät. Die Pädagogin bemerkt das und runzelt die Stirn.

Aufgabe

Was wäre der erste Schritt zu einem richtigen Verhalten? Was ist die Voraussetzung für „Richtigkeit" (denken Sie an den ersten Teil dieses Buches)?

A

Lösung

Die Pädagogin registriert das Verhalten von Jona und nimmt sich Zeit, darüber nachzudenken. Sie gerät nicht in Panik weil sie befürchtet, dass ihre sorgfältig geplante Aktivität in Gefahr gerät, sondern sie bleibt Herrin der Situation. Sie sucht das „richtige" Verhalten aller Personen, bevor sie zu handeln beginnt. Dabei beachtet sie mehrere Aspekte:

- Darf Jona das im Sinne des kategorischen Imperativs?
- Weitet er seine eigene Freiheit auf Kosten der anderen Kinder aus?
- Welches Verhalten von Jona wäre für alle Kinder das Beste?

Sie bezieht dabei den von ihr vermuteten Grund für Jonas Verhalten ein. Sie weiß, dass er eigentlich ein ganz lieber Kerl ist und auch jetzt seine Störaktion nicht absichtlich macht, sondern diese nur eine Form von Begeisterung darstellt.

Während die Kinder an der steilen Bergwand entlang klettern, beugt sich die Pädagogin in einem unbemerkten Moment zu Jona hinunter, legt ihm beide Hände auf die Schultern und sagt „Jona, du störst die anderen, ich möchte, dass Du hier die Übungen mitmachst ."

Die Pädagogin hat erkannt, dass Jona nur ausgelassen ist. Sie weiß auch, dass die Kinder wissen, dass das hier keine echte Schatzsuche ist, sondern nur ein Spiel (bei einer echten Schatzsuche würde Jona sicher ein ganz anderes Verhalten zeigen). Deshalb gibt sie Jona gar nicht die Chance, albern zu widersprechen (wie im ersten Ablauf), sondern gibt ihm gleich eine klare Information darüber, was an seinem Verhalten falsch und welches Verhalten stattdessen richtig wäre. Sie macht das einerseits für die anderen unbemerkt, weil sie Jona nicht bloßstellen möchte, andererseits aber doch schon ziemlich scharf, damit er merkt, dass es ihr ernst ist.

Jona stört die Situation weiter. Er springt durch den Raum turnt selbstständig auf den Geräten herum, singt laute Lieder, zupft Steffen am Pulli. Die Pädagogin ruft nun zu Jona: „Jona, wenn Du jetzt nicht in der Gruppe mitmachst, kannst du bei unserer Aktivität **(nicht der „Schatzsuche"!)** nicht mehr mitmachen, sondern musst vor der Türe warten, bis wir fertig sind. Mach jetzt mit uns zusammen und störe nicht mehr!"

Aufgabe

Die Pädagogin droht mit einer Strafe. Falls Sie sich nicht mehr erinnern können, blättern Sie in das entsprechende Kapitel zurück und schlagen Sie nach, aus welchen Bestandteilen die Strafandrohung bestehen muss. Können Sie diese Bestandteile hier erkennen?

Lösung

Es gibt mehrere Bestandteile. Hier eine unsortierte Liste:

● *Die Pädagogin kündigt die Verschärfung der eigenen Verhaltensweise an. Jona kann sich entscheiden. Er kennt den Preis für weiteres Stören.*

● *Die Pädagogin definiert das erwünschte Verhalten. Jona kann sich also konkret entscheiden.*

● *Die Pädagogin beschreibt die Konsequenzen weiteren Fehlverhaltens. Jona weiß, was auf ihn zukommt.*

● *Insgesamt wird Jona „fair" behandelt. Er weiß, was er falsch macht, er weiß, dass darauf eine Strafe folgen wird und er weiß, wie die Strafe aussehen wird.*

Jona stört weiter. Das findet die Pädagogin natürlich schade, weiß sie doch, dass Jona eigentlich gerne mitmachen würde, sich nur im Moment selbst im Wege steht. Sie ruft zu Jona: „Jona du gehst jetzt raus und wartest vor der Türe, bis ich dich wieder herein rufe." Jona geht widerspruchslos. Die Schatzsuche wird beendet. Die Kinder bekommen die Gummibärchen. Die Pädagogin sagt: „Und jetzt dürft ihr die ganzen Übungen noch mal so machen, wie ihr dazu Lust habt." Sie geht kurz vor die Tür und sagt zu Jona:
„Jona, mit deinem Verhalten hast du die anderen gestört. Das möchte ich nicht und deshalb habe ich dich vor die Türe gestellt. Aber jetzt darfst du wieder rein."
Begeistert turnt er mit den anderen Kindern an den Geräten. Die Pädagogin wird immer mehr zu seiner Lieblingspädagogin ...

 Aufgabe

Warum ist es wichtig, dass die Pädagogin Jona nach der Aktivität, die er störte, wieder in die Gruppe hereinruft?

Lösung

Sie hat ihm durch die Auszeit Gelegenheit gegeben, sich zu beruhigen. Jetzt ist die Strafe vorbei und alles wieder gut. Dadurch dass Jona wieder mitmachen darf, erkennt er das auch.
Es wäre zu riskant gewesen, Jona während der eigentlichen Aktivität wieder zur Gruppe zu holen, denn wahrscheinlich hätte er die vorher gezeigte Störerrolle einfach wieder übernommen. Jetzt kommt er in eine andere Situation, in der es ihm leichter fällt, sich wieder einzugliedern.

 Aufgabe

Warum sagt die Pädagogin nicht: „Beim nächsten Mal will ich, dass du dich anständig benimmst."?

Lösung

Weil die Situation bis zu diesem „nächsten Mal" ungewiss und noch nicht „wieder gut" ist. Jona weiß nicht, wann das „nächste Mal" ist, die Pädagogin übrigens auch nicht.

13.1.3 Schlussreflexion

Wahrscheinlich können Sie sich diese Situation aus Ihrem beruflichen Alltag her lebhaft so vorstellen. Eigentlich hat sich die richtige Verhaltensweise von der falschen nur an wenigen Stellen unterschieden, aber diese Stellen wirkten wie Weichen, die den gemeinsamen Zug in eine ganz andere Umgebung lenkten:

1. Die Pädagogin hat sich überlegt, was sie macht. Sie hat ihr Tun immer mit Absicht gestaltet. Sie hat zunächst nach dem moralisch richtigen Verhalten gesucht, überlegt, was eigentlich „richtig" ist. Dadurch hatte sie für sich eine Richtschnur für ihr Verhalten und konnte es kontrollieren.

2. Die Pädagogin hat Jona die freie Entscheidung gelassen. Sie hat ihn zu nichts gezwungen, sondern sie hat ihn selbst zum Gestalter der Reaktionen gemacht, die auf sein Verhalten folgen werden. Sie hat ihm die Wahl gelassen, und damit die Würde. Und sie hat ihm dadurch gezeigt, dass er selbst für sich verantwortlich ist und nicht einer unbeeinflussbaren Willkür unterliegt

3. Sie hat ihm das Gefühl gegeben, dass alles wieder gut ist. Sie war kontingent. Sie war für Jona berechenbar und verlässlich. Jona wusste, was auf ihn zukommt, er hat das in Kauf genommen und den Preis dafür bezahlt. Er hat die Zeit bekommen, seinen Ärger darüber abzubauen und danach war's wieder gut. Schön, er hat die Gummibärchen nicht bekommen, aber das gehörte eben auch zum Preis. Aber er durfte danach mit den anderen Kindern weiterturnen. Je nach Situation kann es ganz gut sein, Jona in diesem Moment vielleicht sogar durch eine Geste zu zeigen, dass man ihn „wieder mag" – das kommt auf Jona an.

Was an dem Ganzen war eigentlich Erziehung? Nun, wenn wir darüber einig sind, dass Erziehung die Verhaltensweisen anderer (dauerhaft) verändert, dann war im Grunde jede einzelne Aktion der Erzieherin, die darauf gerichtet war, die Verhaltensweise von Jona zu verändern, Erziehung. Und so ist es auch. Erziehung ist nicht nur das, was man als „gut" begreifen kann, sondern schlicht eben alles, was die Verhaltensweise der Menschen verändert. Auch das, was leider nicht so gut gelaufen ist.

13.2 Zweites Beispiel

Das nächste Beispiel stammt aus einer Einrichtung für Kinder unter drei Jahren. Für Sie wird einerseits wichtig sein, zu erkennen, welchen Anspruch Sie an Kinder in diesem Alter richten können (deshalb wirkt das Beispiel auch eher etwas einfach, vielleicht sogar banal) und wie Sie mit Kindern in diesem Alter erzieherisch konsequent umgehen können. Andererseits sollten Sie sich auch Gedanken darüber machen, wie eine solche Situation bei älteren Kindern aussehen könnte.

Vorgeschichte

> *Die Pädagogin sitzt mit drei kleinen Kindern (zwischen zwei und drei Jahre alt) in einer Ecke auf dem Teppich und will mit den Kindern ein Spiel zum Farbenlernen spielen. Die Kinder haben kleine Tafeln auf dem Schoß, auf denen Felder mit unterschiedlichen Farben abgebildet sind. Sie würfeln reihum mit einem Farbwürfel und wenn sie eine Farbe würfeln, die auf ihrer Tafel noch frei ist, dürfen sie eine entsprechend gefärbte Plakette auf ihr Täfelchen legen. Die Kinder spielen anfangs begeistert mit.*

A *Aufgabe*
Überlegen Sie, mit welchem Erziehungsmittel die Pädagogin welche erzieherische Absicht verfolgt (schlagen Sie dazu evtl. im 7. Kapitel nach).

Lösung
Ich glaube, wir sind uns einig, dass die Pädagogin in dieser Situation mit einer Mischung unterschiedlicher Verhaltensweisen vorgeht, die im Prinzip alle Formen der Belohnung abdecken, also Loben, belohnen, Mut machen, vormachen, probieren lassen, Anregungen geben und erklären. Wahrscheinlich haben wir auch alle dasselbe Ziel, wie die Pädagogin selbst hat: Sie will das Verhalten der Kinder gegenüber Farben ändern. Die Kinder sollen die Farben kennen und zuordnen können.

Wie gesagt: Die Kinder haben große Freude an dem Spiel. Interessant wird die Situation erst im Laufe des Spiel, und hier trennen sich Richtig und Falsch auf.

> *Die unterschiedlichen Farbfelder der Tafeln sind fast alle mit dem Würfel gewürfelt worden und mit Plaketten bedeckt. Es fehlt bei allen Kindern mehr oder weniger nur noch die Farbe Blau. Aber Blau wird einfach nicht gewürfelt.*

13.2.1 So ist die Situation (leider) abgelaufen

Die Pädagogin weicht nicht von ihrer Regel ab, dass jedes Kind reihum einmal würfelt und wenn die falsche Farbe gewürfelt wurde, der Würfel weitergegeben wird. Den Kindern wird langweilig, sie haben keine Lust mehr zu würfeln. Die Pädagogin nötigt die Kinder zunehmend gereizt, weiterzuwürfeln: „Celine, du bist jetzt dran. Celine würfeln! Mensch Celine, jetzt würfle doch endlich!"

A *Aufgabe*
Warum wird die Pädagogin immer gereizter? Wie verändert sich durch diese Verhaltensweise das Erziehungsziel und wie lautet es nun?

Lösung
Die Pädagogin wird deshalb immer gereizter, weil sie offenbar während des Spiels ihr Erziehungsziel aus den Augen verloren hat. Ging es ihr ursprünglich darum, dass die Kinder Kompetenz im Umgang mit verschiedenen Farben erwerben, so scheint sie plötzlich das Ziel „Etwas, das man angefangen hat,

muss man auch zu Ende bringen." zu verfolgen. Weil die Kinder keine Lust mehr haben, wird dieses Ziel immer stärker gefährdet und deshalb wird sie gereizt.
Wahrscheinlich liegt das daran, dass die Pädagogin sich zu Anfang keine genauen Gedanken darüber gemacht, welches Ziel sie tatsächlich verfolgt.

Endlich hat Celine es geschafft, sie hat blau gewürfelt. Die Pädagogin ist erleichtert und bricht danach das Spiel für alle ab. Die anderen Teilnehmer gehen ziemlich teilnahmslos aus der Spielecke hinaus. Die Pädagogin packt noch schnell das Spiel zusammen und räumt die Kissen weg.

Aufgabe
Warum erreicht die Pädagogin auch ihre neue Zielsetzung nicht? Wie hätte sie sich richtig verhalten?

A

Wenn die Pädagogin schon während einer Handlung die erzieherische Zielsetzung wechselt (von „Farben erlernen" zu „etwas zu Ende bringen"), dann hätte sie in diesem Fall auch wirklich alle Kinder das Spiel fertig spielen lassen sollen. Es ware gut gewesen, sich dann auch mit den anderen Kindern zu freuen, wenn sie ihre Tafeln voll haben. So, wie sie sich jetzt verhält, lernen die Kinder nicht, dass man etwas (mit Freude) fertig machen kann, sondern sie lernen eher das Gegenteil: Wenn die Lust am Spiel vorbei ist, hört sogar die Pädagogin noch während des Spiels auf – warum sollte ich dann noch weiterspielen wollen?

13.2.2 So könnte man die Situation retten

Erinnern wir uns an die Ausgangssituation:

Die unterschiedlichen Farbfelder der Tafeln sind fast alle mit dem Würfel gewürfelt worden und mit Plaketten bedeckt. Es fehlt bei allen Kindern mehr oder weniger nur noch die Farbe Blau. Aber Blau wird einfach nicht gewürfelt.

Die Pädagogin verändert daraufhin die Würfelregel: „Wisst ihr was? Jede Farbe, die jetzt gewürfelt wird, darf von allen Kindern auf die eigene Tafel gelegt werden."

Aufgabe
Inwiefern besteht der Zusammenhang zwischen dieser neuen Regel und dem Erziehungsziel der Pädagogin?

A

Lösung
Für die Pädagogin geht es nicht darum, ein Spiel fertig zu spielen oder andere Erziehungsziele im Bereich des Verhaltens zu erreichen. Sie hat sich zum Ziel gesetzt, dass alle Kinder im Bereich der Farbzuordnung kompetenter werden. Dies erreicht sie mit der neuen Regel mindestens ebenso gut. Zwar liegt danach kein Sieger fest, aber das ist ja in ihrem Fall auch nicht wichtig.

Die Kinder bekommen nun sehr schnell ihre Tafeln voll und die Pädagogin freut sich mit den Kindern mit (und bekommt ihre eigene Tafel auch voll).
Dann sagt die Pädagogin: „Wenn wir jetzt gemeinsam das Spiel aufräumen, zeige ich Euch noch eine andere Spielmöglichkeit."

Die Kinder räumen schnell Ihre Tafeln und die Plaketten in den Spielkoffer.

Danach kommt die neue Variante. Die Pädagogin sagt: „Wisst Ihr was? Jetzt würfelt jeder reihum und ihr zeigt mir dann immer Gegenstände in diesem Raum, die die Farbe des Würfels haben." Die Kinder machen eifrig mit.

A   Aufgabe

Warum ist diese neue Tätigkeit im Hinblick auf das Erziehungsziel gerade für solche Kinder hilfreich, die mit der Farbzuordnung noch Schwierigkeiten haben?

Lösung

Gerade dadurch, dass alle Kinder bei der Suche nach passenden Farben beteiligt sind, erlernen auch diejenigen Kinder, die das noch nicht so gut können, am Vorbild anderer Kinder, tatsächlich Farben zuzuordnen.

Die kleine Rosa hat noch Schwierigkeiten mit der Zuordnung von Farben. Zwar war sie begeistert dabei, wenn die anderen Kinder passende Farben zuordnen konnten, sie selbst aber hat nichts gesagt.

Die Pädagogin meint: „Rosa, ich mach noch was mit dir ganz alleine. Ihr anderen seid jetzt mucksmäuschenstill, wenn ihr das nicht schafft, müsst ihr weggehen. Rosa, welche Farben kennst du denn schon?"

Rosa sagt: „Gelb."

Die Pädagogin legt daraufhin die gelbe Seite des Würfels nach oben und sagt: „Und jetzt suchen wir in diesem Raum etwas, das gelb ist. Ist der (rote) Ball gelb?"

Rosa: „Nein"

„Ist der (blaue) Stuhl gelb?"

Rosa lacht: „Nein, auch nicht."

„Ist der (gelbe) Fensterrahmen gelb?"

Rosa freut sich: „Ja, der ist gelb."

Die Pädagogin darauf: „Prima, das hat ja gut geklappt, sollen wir noch eine andere Farbe probieren?"

Rosa will!

13.2.3 Schlussreflexion

A   Aufgabe

Was war Ihrer Meinung nach der Hauptfehler, den die Pädagogin in der ersten Variante gemacht hat?

Lösung

Der Hauptfehler in dieser Situation war, dass die Pädagogin ihr Handeln nicht konsequent an Zielsetzungen orientiert hat, die sie sich gesetzt hat, sondern stattdessen nach einer Art „Bauchgefühl" auf die Situation reagiert hat. Es kann durchaus geschehen, dass sich während des eigenen Handelns die erzieherische Zielsetzung des Handelns verändern kann. Das ist an sich nicht schlimm. Sie müssen nur darauf achten, dass Sie eine veränderte Zielsetzung zunächst auf ihre innere Berechtigung, auf ihre „Stimmigkeit" hin überprüfen (wie Sie das im Teil 1 dieses Buches gelernt haben). Danach gilt aber genau dasselbe, wie bei der ersten Zielsetzung auch: Die

Handlungsweise muss so orientiert sein, dass sie auch tatsächlich dazu geeignet, ist das (nun neu) gesetzte Ziel zu erreichen. Wenn die Pädagogin will, dass die Kinder lernen sollen, etwas mit Freude zu beenden, dann muss sie ihr eigenes Verhalten so ausrichten, dass dies auch möglich ist.

13.3 Drittes Beispiel

Ich weiß nicht, wie es Ihnen geht – immer wenn ich solche Beispiele betrachte, habe ich den Eindruck, als ob die richtige Verhaltensweise doch eigentlich völlig klar sein müsste. Offensichtlich ist das aber in der Realität nicht der Fall. Offenbar macht man in der Realität manchmal Fehler, die man selbst gar nicht für möglich gehalten hätte. Vielleicht ist es deshalb so wichtig zu wissen, dass die hier genannten Beispiele tatsächlich genau so geschehen sind, wie ich sie schildere. Wie kann man mit dieser Beobachtung umgehen? Was kann man tun, damit solch offensichtliche Fehler nicht (mehr) geschehen? Nun, ich denke, es bleibt wirklich nur eine Möglichkeit: Möglichst oft und intensiv über solche alltäglichen Situationen nachzudenken, sie zu analysieren und mögliche Fehlerquellen zu orten. Wie Sie vielleicht in den obigen Beispielen bereits festgestellt haben, besprechen wir längst nicht alle Möglichkeiten, die sich aus diesen Beispielen ergeben, und vielleicht haben Sie andere Lösungsansätze entwickelt, als ich aufgeschrieben habe. Das ist eigentlich nichts Außergewöhnliches. Sie sollten wissen, dass es „die richtige Entscheidung" in der Erziehung nicht gibt. Der Fehler liegt oft nicht darin, dass man die falsche Entscheidung getroffen hat, sondern vielmehr darin, dass man zu wenig darüber nachgedacht hat, was denn die richtige Entscheidung sein könnte. Das ist der Grund, warum wir nun ein Beispiel betrachten, das gar nicht aus dem Kindergartenalltag, sondern aus dem familiären Alltag stammt.

Vorgeschichte

Die Mutter hat vor kurzem einen Sohn zur Welt gebracht. Der ältere Bruder Raffael ist bereits im Kindergarten. Die Leiterin der Gruppe macht einen Besuch bei der Mutter und bringt für den kleinen Michael ein verpacktes Geschenk mit. Raffael würde das Geschenk gerne für seinen kleinen Bruder auspacken.

13.3.1 So ist die Situation (leider) abgelaufen

Die Mutter meint: „Du darfst das Geschenk auspacken, Raffael, aber du musst noch warten."

Aufgabe
A

Eigentlich hat die Mutter gar keinen Grund, Raffael warten zu lassen. Warum tut Sie das dennoch? Können Sie vorstellen, warum die Mutter sich so verhält?

Lösung
Möglicherweise liegt der Grund in einer Art erzieherischem „Bauchgefühl": „Man kann nicht immer gleich etwas bekommen, was man gerne hätte."

Warum eigentlich nicht? Schließlich gibt es im vorliegenden Fall keinen Grund, warum Raffael das Geschenk nicht gleich auspacken dürfte. Immer wieder werden erzieherische Werte als etwas Selbstverständliches betrachtet, das man auf alle Situationen anwenden kann. Wir haben jedoch inzwischen gelernt, dass erzieherische Werte die Folge einer angewandten Ethik sind. Das bedeutet, dass erzieherische Werte regelmäßig dahingehend hinterfragt werden sollten, ob sie sich aus der angewandten Ethik logisch entwickeln, oder ob sie unhinterfragt, „einfach so" angewendet werden.

Die Mutter vertieft sich in ein Gespräch mit der Pädagogin. Raffael wird immer ungeduldiger. Er will jetzt das Geschenk auspacken. Er macht sich bemerkbar. Die Mutter sagt: „Gleich darfst du auspacken." – Er darf aber immer noch nicht. Raffael nörgelt lauter, bis die Mutter schließlich Raffael schimpft: „Mensch, sei doch nicht so ungeduldig. Jetzt kommt das Geschenk erst Mal weg und du musst zur Strafe für dein lautes Genörgel auf dein Zimmer. Los, Abmarsch."

Aufgabe
Welche konkreten Fehler hat die Mutter gemacht? Schlagen Sie zur Lösung dieser Frage das neunte und das zehnte Kapitel nach!

Lösung

Ganz klar: Die Mutter war nicht kontingent: Wenn man etwas versprochen hat, muss man die Bedingungen dafür schaffen, dass man es auch halten kann. Die Mutter hat Raffael versprochen, dass er das Geschenk auspacken darf. Jetzt straft sie ihn für ein Verhalten, das eigentlich korrekt ist: Raffael mahnt seine Mutter, ihr Versprechen zu halten. Selbst wenn er dies auf eine etwas unhöfliche Art und Weise tut, ist er eigentlich im Recht. Raffael muss wissen, woran er ist, wann er konkret das Geschenk auspacken darf.

Aufgabe
Betrachten Sie noch einen zusätzlichen Aspekt der Situation: Warum ist die Auszeit, die Raffael bekommt, als Erziehungsmittel nicht gerechtfertigt?

Lösung

Der eine Grund wurde schon genannt: Weil die Auszeit die Sanktion für ein Verhalten ist, das im Grunde eine berechtigte und konsequente Reaktion auf ein Fehlverhalten der Mutter ist. Vergessen Sie nicht: Nicht nur Kinder zeigen unerwünschtes Verhalten, Erwachsene tun das genauso. Wenn Sie erzieherische Situationen reflektieren, räumen Sie darum immer auch die Möglichkeit eigenen Fehlverhaltens ein.
Die Auszeit ist noch aus einem weiteren Grund heraus die falsche Verhaltensweise: Sie wurde Raffael nicht angekündigt. Es besteht kein klarer Zusammenhang zwischen unerwünschtem Verhalten und möglicher Strafe.

Dieses Beispiel hat sich zu einer völlig verkorksten Situation entwickelt.

Aufgabe
Versuchen Sie eine Zusammenfassung der Fehler, die gemacht wurden.

Lösung

Der erste Fehler war, dass die Mutter sich einen Wert zum Ziel ihres Erziehungsmittels gesetzt hat, den sie zuvor nicht sonderlich hinterfragt hat. Jetzt werden Sie vielleicht einwenden, dass man dafür in der Realität nur selten Zeit hat. Im Gegenzug würde ich fragen, ob wir uns falsche Erziehungsziele leisten können. Es ist ja nicht so, als würden diese spurlos an dem Kind vorgehen, im Gegenteil: Auch sie bewirken eine dauerhafte Verhaltensänderung. Später müssen wir uns damit abmühen, diese wieder auszugleichen, ein Versuch, der uns noch viel mehr Zeit und Mühe kostet – sofern er überhaupt gelingt.

Bedenken Sie, was Raffael durch diese Situation letztlich lernt: „Wenn ich etwas versprochen bekomme, kann ich nicht sicher sein, dass ich es auch erhalte. Und wenn ich mich dann wehre, werde ich dafür auch noch bestraft."

Darum müssen wir uns die Zeit nehmen, Werte, die wir durch unsere erzieherischen Verhaltensweisen vermitteln möchten, häufig und in konkreten Situationen zu hinterfragen.

Der zweite Fehler war, dass die Mutter die Ursache für die unangenehme Situation in einem Fehlverhalten bei Raffael gesucht hat, statt die wahre Ursache in ihrem eigenen Fehlverhalten zu erkennen (und dieses dann möglichst rasch zu beenden). Sie hat Raffael für etwas bestraft, woran sie selbst schuld war. Durch diese Verhaltensweise lehrt sie Raffael auch etwas, wenngleich nicht unbedingt etwas Richtiges: „Erwachsene haben immer recht, und wenn sie im Unrecht sind, haben sie die Mittel, sich dennoch durchzusetzen." Außerdem hätte sie unbedingt einen Zeitpunkt nennen sollen, wann genau das Auspacken nun stattfinden könne.

13.3.2 So könnte man die Situation retten

Die Mutter denkt laut nach: „Warum eigentlich nicht? Es ist zwar nicht dein Geschenk, aber schließlich kann Michael sein Geschenk ja noch nicht selbst auspacken. Weißt du was? Du packst das jetzt aus und Michael darf zuschauen. Packe das Geschenk aber langsam aus, damit Michael auch wirklich alles mitbekommt."

Aufgabe
Was hätte die Pädagogin bedenken müssen? Wie kann die Mutter diesen Fehler ausgleichen? **A**

Lösung
Raffael steht daneben und bekommt nichts. Das empfindet er als ungerecht. Diese Ungerechtigkeit gleicht die Mutter dadurch aus, dass sie Raffael das Geschenk auspacken lässt. Indem die Mutter Raffael dazu anhält, das Geschenk langsam vor den Augen von Michael auszupacken und ihn auch darauf aufmerksam macht, dass das Geschenk nicht sein Geschenk ist, macht die Mutter Raffael ganz deutlich, wie er sich richtig verhalten soll.

Das Geschenk ist ausgepackt. Die Mutter bittet Raffael, mit dem kleinen Bruder und dem Geschenk ein bisschen zu spielen. Die Aufmerksamkeit der Mutter und der Pädagogin richtet sich eine kurze Zeit intensiv auf das Verhalten der beiden. Danach darf Raffael im Wohnzimmer bleiben oder auf sein Zimmer gehen.

Die Situation ist harmonisch verlaufen. Raffael hat die erwünschte Verhaltensweise gezeigt und dafür eine gewisse Belohnung bekommen (die Aufmerksamkeit von Mutter und Pädagogin).

Aber natürlich sind auch wir Erwachsenen nicht unfehlbar und im ersten Moment kann es schon passieren, dass wir einem falschen Erziehungsziel aufsitzen. Auch wenn dann die Situation ungut verläuft, gibt es Möglichkeiten, sie wieder in eine angenehme Bahn zu lenken.

Die Mutter hätte ja auch ihren Fehler bemerken können, als Raffael zu quengeln beginnt. Dann hätte sie beispielsweise so reagieren können:

„Raffael, der Tonfall, in dem du mit mir sprichst, ist nicht in Ordnung. Ich möchte jetzt mit der Pädagogin noch das Gespräch zu Ende führen und wenn wir beide unseren Kaffee ausgetrunken haben, darfst du das Geschenk auspacken. Wenn Du das nicht schaffst, musst du so lange auf dein Zimmer gehen und wir rufen dich, wenn wir fertig sind."

13.4 Zusammenfassung

Die Hauptursache für falsch eingesetzte Erziehungsmittel ist wahrscheinlich, dass man zu wenig darüber nachdenkt, was in einer konkreten Situation wirklich das „Gute", das „Richtige" ist. Stattdessen fragt man sich eher, welches Erziehungsmittel das „Richtige" ist. Man übersieht dabei, dass viele verschiedene Erziehungsmittel denselben Zweck erfüllen könnten, wenn sie nur zielgerichtet zu einem vorab gefassten Ziel führen.

Um was geht es also im Wesentlichen? Es geht darum, den Alltag, die vielen kleinen erzieherischen Situationen möglichst immer daraufhin zu überprüfen, was man selbst für das „Richtige" hält. Dies aber nicht „aus dem Bauch heraus", sondern mit Hilfe einer vorab beschlossenen Ethik. Aus der Überzeugung, die richtige Zielsetzung zu kennen, kann erst die Entscheidung gefällt werden, welches Erziehungsmittel das jeweils Richtige ist.

Ich wünsche Ihnen den Mut, auf diese Weise vorzugehen. Erst zu denken, dann zu handeln. Erst das Richtige zu suchen und dann die Mittel zum Erreichen dieses Zieles zu wählen.

Bildquellenverzeichnis

Sachwortverzeichnis

A
Anlagen 14, 31,
Anregungen geben 82
Auszeit 99

B
Belohnung 46, 70
Bildung 17
Bildungsbereiche 31
Bildungs- und Entwick-
   lungsfelder 31

D
Denken 34
direkte Belohnung 48

E
Einfluss 11, 12
Erklären 80
Erziehung 9, 14, 16, 29
Erziehungsmittel 45
Ethik 19, 23
extrinsische Belohnun-
   gen 72

F
Festhalten 98
Förderung 36

G
Geschenke 78
Gewalt 88
Gewöhnung 54, 103
Glück 121

I
intrinsische
   Belohnungen 74

K
Kant, Immanuel 24
kategorischer
   Imperativ 24
Kontingenz 56, 111

L
Loben 77

M
Moral 19
Mutmachen 78

N
Nachmachen 48
natürliche Anlagen 33
Neugier 34

P
pädagogische
   Konzeptionen 37
probieren lassen 81

R
Raum geben 60
Rituale 109

S
Schimpfen 97
Sinn 119
Strafen 52, 87, 91

T
Time out 99

V
Verhaltensänderungen
   41
Verstehen 49
Vorbild 48
Vorleben 107
Vormachen 79

W
Werte 12
Wiedergutmachen 101
Wiedergutmachung 94